云南百位历史名人传记丛书

中共云南省委宣传部◎编

狂飙诗人

柯仲平

杨绍军◎著

云南出版集团
云南人民出版社

图书在版编目（CIP）数据

狂飙诗人——柯仲平 / 杨绍军著. -- 昆明：云南人民出版社, 2017.1
（云南百位历史名人传记丛书）
ISBN 978-7-222-14261-9

Ⅰ.①狂… Ⅱ.①杨… Ⅲ.①柯仲平（1902～1964）-传记 Ⅳ.①K825.6

中国版本图书馆CIP数据核字(2016)第008034号

出 品 人：李　维
　　　　　赵石定
责任编辑：闵艳平
装帧设计：马　滨
责任校对：周　彦
责任印制：洪中丽

书名	**狂飙诗人——柯仲平**
作者	杨绍军　著
出版	云南出版集团　云南人民出版社
发行	云南人民出版社
社址	昆明市环城西路609号
邮编	650034
网址	http://ynpress.yunshow.com
E-mail	ynrms@sina.com
开本	889mm×1194mm　1/32
印张	5.625
字数	100千
版次	2017年1月第1版第1次印刷
印刷	昆明卓林包装印刷有限公司
书号	ISBN 978-7-222-14261-9
定价	22.00元

如有图书质量及相关问题请与我社联系
审校部电话0871-64164626　印制科电话0871-64191534

云南百位历史名人传记丛书

编委会名单

主　任　赵　金
副主任　宣宇才　蔡春生　黄　尧
编　委　刘　荣　王　岭　范建华　李　维
　　　　　林文勋　杨林兴　陈友康　杨正权
　　　　　张　勇　张昌山　林超民　余嘉华
　　　　　谢本书　吴宝璋　李继红　杨安兴
　　　　　刘大伟　李银和　赵石定　周　祥
　　　　　王建南　张平慧

总 序

丛书编委会

历史长河浩浩荡荡！中华文明自滥觞至汇聚千流，涵纳万水，奔腾迭起，云蒸霞蔚，延五千年之长史，至今生机勃然，是迄今世界上唯一保持完整且衍传有序、光耀于人类的伟大文明。

习近平总书记指出：一个国家、一个民族的强盛，总是以文化兴盛为支撑的。中华民族是具有非凡创造力的民族，我们创造了伟大的中华文明，实现中华民族伟大复兴的中国梦，必须弘扬中国精神。以爱国主义为核心的民族精神，以改革创新为核心的时代精神，是兴国之魂，强国之魂。

云南，是祖国西南神奇、美丽、富饶的宝地，是中华文明中极具特质和创造潜力的丰美之乡。云南少数民族文化是中华民族文化的重要瑰宝。长期以来，云南大地上，各民族和睦与共，相濡相生，共同创造了色彩瑰丽、形态多元、底蕴厚重、影响深远的历史文化，为我们留下了珍贵的精神遗产。人，是历史的镜子，是历史最生动的环节，人民是历史的主人和创造主体。在人类历史的进程中，一个个不同时期的代表人物产生过一些不同的影响。"云南百位历史名人传记丛书"就是这样一丛历史的记录，一百位历史名人，虽未必尽能概全，各位历史人物的代表性也不尽相同，但都是"追梦人"，是振兴民族伟大理想的传薪人、探索者和实践家。

在这些代表人物中，无论是拓土开疆的将帅勇者，还是蹈海酬志的大国使节；无论是志于传播文明的鸿儒巨擘、先哲贤士，还是为民族独立解放而高歌猛进、慷慨捐躯的群雄英杰，都贯注了这一重要精神。正是以他们为代表的云南各族人民创造并抒写了可歌可泣的英雄史章，熔铸了坚韧不拔、奋为人先、包容博大、敢于担当的精神品质，才使云南在中华文明的长史中闪耀着特有的光辉。尤在近代中国，在辛亥护国风云中，在反对外辱保卫祖国边疆维护民族尊严、抗击日本法西斯侵略中，云南站在历史前台，以中华群雄的不屈身影演出了一幕幕豪迈悲壮的历史大戏，也更涌现了一批足以彪炳史册、光照后人的杰出人物。这一切，给予中国历史进程深远的影响。

今天，实现中华民族伟大复兴之梦，谱写富民强滇中国梦的云南篇章，需要以中华文化发展繁荣为重要条件，这就需要接续这一光荣而伟大的精神传统,在继承中创新,在创新中发展,在发展中超越。云南正处于一个新的历史起点上,需要大力挖掘历史文化资源,聚合更强大的精神动力,为推动我省科学发展、和谐发展、跨越发展凝心聚力。为此,我们组织省内外专家学者编写出版了"云南百位历史名人传记丛书"。这对加强我省各族人民,尤其是青年一代对历史的了解、认同,爱国爱乡爱民并甘于奉献,对提升优秀精神品质,形成团结奋斗的共同的思想基础,坚定推进富民强滇的信心和决心,显然有着重要的现实意义和切实的助力。

一百位历史人物,所处历史时期并不相同,其历史作用也有差异,甚至就个人的全面历史评断方面也难以等量趋同。但我们以为这些留存史迹的人物,所以传扬至今,为后世崇奉,均有他们共同的历史向度和价值取向,我们学习这些历史人物,至少应当着重于以下几个大的方面,即:"守大德、重大义、集大成、有大度、达大观。"

守大德,即恪守道德规范。"德者,本也。"(《礼记·大学》)"大德"既是国家民族的根本利益所在,也是中国文化中最核心的价值理念及标准。古语"行德则兴,背德则崩",不仅是资政经验,也是个人修习完善的根基。所谓"厚德载物",直观的理解,就是如果德行浅薄,是不能兴物成事,更不能造就伟大功业的。云南历史文化名人,大多以德立身,大节不移,并对此恪守坚定,一以贯之；始终保持正确信念和理想，并为之奋斗到底。这是我们首先要学习尊崇的。

重大义，即以国家民族利益的需要为个人行为取舍的标准。有大义，才有大爱。这些先贤无不爱云南爱乡土，以兴业乡梓、造福一方为己任。尤在国家民族命运攸关、生死存亡的关头，这些令人崇敬的先辈，大义擎天，逢难不避，敢于担当，责无旁贷，勇往直前，不惧牺牲。一个心存天下大公的人总会在不经意的一瞬决定大义的选择，这是社会进步的希望所在，更何况实现中华复兴的伟大梦想，还有很多异常艰危的事业在等待我们去克难攻坚。所以，举凡大义、为民为国、全身而进的精神是我们应当效法崇尚的。

集大成，"知类通达，强立而不反，谓之大成"。这些历史人物留下的足迹，予人深刻启迪。他们无论是出将入相，还是布衣一袭，均勤学不辍，求索不止，在追求真理和知识的道路上刻苦务实，义无反顾，永无终期，故能成大器，胜大任，不辱使命。今天，世界进入知识信息时代，软硬实力决定一个国家能否赢得发展机遇，乃至自立于强国之列的地位。其紧迫性不亚于先辈梦想中国富强的百年期许。但今天所谓"集大成"，是更高更大更具有生存挑战性和发展战略性的，是集世界之"大成"，集政治经济、科技文化、制度建设、社会发展等一切领域"总成"，玉成中国梦的空前伟大的事业。所以，先人刻苦自律、博学精进的学习精神我们应当秉持继承。

有大度,即要有开放包容的胸怀。云南历史文化名人的一个共通品质,也是一个显著特点就是,即使身处僻远,总能破除狭隘与陋见,以宏大度量,兼容并包,接纳先进,吸收优异,团结一切可以团结的力量,聚合一切可以聚合的资源,总成一股创造历史的宏大动力,来完成伟大的事业。哪怕是割股舍己,也在所不惜。今天,云南要实现跨越式发展,保持开放包容的胸怀尤其重要。所以,先辈"天下云南"的大度我们应当弘扬光大。

达大观,即要眼观天下,达察全局,与时俱进,审时知变,敢为人先。推动云南社会历史进步的代表人物,无不目光远大,胸怀全局,对世界潮流、时代嬗变,都能审视洞悉,并欣然顺应规律,故能在历史转折的关键时刻做出正确选择,成就改天换地的一番伟业。古语有"小智自私""达人大观",是将为个人谋私的小智谋与担当天下兴亡的大智慧尖锐对比而言的。否则,"其兴也勃焉,其亡也忽焉"。一个为民为国而应用心智的人,必然有达观天下的心怀,也由此激发潜能、超迈寻常,而使人生境界也更加美好而宏丽。遍观世界文明史,许多影响人类进步的伟大创新,正是以此为动力和起点的。今天,中国经济社会的快速发展,国家的日益强大,正为实现中华民族伟大复兴的中国梦开拓了无限广阔的道路,也为个人实现自身价值创造着更加富实的前景。所以,先辈们达观天下的精神我们应当引为楷模。

我们对志向高远、仰观天下、俯察民情、甘为路石、慨当以慷、求真务实的历史名人,心存景仰,并愿与千千万万的读者,尤其是青年朋友一道学习弘扬。

组织编撰"云南百位历史名人传记丛书"是一项重要的文化工程,编撰出版人员都做出了艰苦的努力,但由于众手修书,书稿层次不一,成书体例难以做到完全一致,对存在的不足敬请读者批评指正,我们将虚心接受,并在修订再版时一并吸纳修改完善。

目录 // MULU

◆ 童年时代

002／云岭高原的滋养
003／出生的时代背景
006／早年所受的教育

◆ 昆明求学

010／昆明的学生生活
013／崭露创作才华

◆ 参与革命运动

022／北京的生活
027／与鲁迅先生交往
033／参与"创造社"活动
040／参与"狂飙社"活动

◆ 延安时期

046／战歌社

目录 // MULU

051／边区民众剧团
059／延安的创作和生活
069／编选"中国人民文艺丛书"

◆ 新中国成立

074／新中国成立的欢欣
076／长诗《刘志丹》的创作
079／回到西北
087／访问苏联、波兰

◆ 朗诵诗和街头诗

092／朗诵诗
096／街头诗

◆ 抒情和叙事长诗

102／抒情长诗代表作：《海夜歌声》

目录 // MULU

106／叙事长诗杰作：《边区自卫军》和《平汉路工人破坏大队》

117／叙事长诗：《浪中人》

◆ 长篇诗剧和歌剧

124／长篇诗剧：《风火山》

129／长篇歌剧：《无敌民兵》

134／长篇歌剧：《模范城壕村》

◆ 文论和相关论争

140／最早的文艺论著：《革命与艺术》

144／民族形式问题论争

◆ 诗人长逝

◆ 参考文献

童年时代

柯仲平是我国现代著名的革命诗人,他于1902年出生于滇东南的广南县城,在寂静的小城里接受私塾教育。但志向远大的他敢于走出熟悉的家园,高小毕业以优异成绩考入云南省立第一中学。

云岭高原的滋养

在祖国的西南边陲,有一片神奇美丽的红土高原,这就是有着"彩云之南"美誉的云岭大地。云南北靠亚洲大陆,南连太平洋和印度洋之间的中南半岛,与西藏、四川、贵州、广西四省区相连,与缅甸、柬埔寨、越南三国领土接壤。在三迤大地上,高黎贡山、碧罗雪山、哈巴雪山、哀牢山横向南行,乌蒙山纵向东北,纵横交错,拱起红土高原;金沙江—长江、澜沧江—湄公河、怒江—伊洛瓦底江、南盘江—珠江、元江—红河贯穿其中,滋润着云岭大地。同时,这里是我国各民族南北迁徙的走廊、各民族的生息繁衍之地。这里生活的各族人民创造了丰富灿烂的民族文化。有集中展现民族风情的民族节日:彝族的火把节、傈僳族的阔时节、苗族的花山节、傣族的泼水节、瑶族的盘王节、景颇族的目瑙纵歌等众多的民族节日。

这里是东方人类的发祥地之一。早在170万年前,元谋猿人就在这块充满神奇色彩的土地上生活。旧石器和新石器时代,人类创造远古文明的辉煌。夏商周时期,这里属于中国九州之一的梁州。战国时期,这里出现神秘的古滇王国。秦汉时期,设置郡县,进行直接统治。汉朝继续秦王朝开发边疆地区的政策,使云南成为中央王朝统一管理的行政区域。唐中代出现南诏政权,宋时这里又建立大理国。元代在云南设置行中书省,"云南"从此成为中国省级行政区域,历经明清两代和民国时期,一直延续到现在。在战国时代的开端,再历经汉唐时期,到元明清,古滇文化与中原文化、外来文化相互激荡、交流与融合,形成独具特色的滇文化。

在漫长的历史长河中,在云岭高原的滋养下,广阔的三迤大地孕育出无数的英雄豪杰、文人雅士。这里有庄蹻入滇和开发边地的历史往事,有诸葛亮七擒孟获的千古故事,还有南诏十二王和大理国国主;这里有赛典赤·瞻思丁抚治云南的伟大业绩,还是七下西洋的航海家郑和的家乡;这里是两次出任内阁首辅杨一清的故土,还有著名理学家李贽的身影;这里走出人民音乐家聂耳、大众哲学家艾思奇、党和国家领导人楚图南……正是在这片古老而神奇的红土地上,孕育出云南现代文化四名人之———狂飙诗人、著名文艺活动家柯仲平先生。

出生的时代背景

清光绪二十七年(1902年1月25日)农历腊月十五日,柯仲平出生于云南省广南县城小南街一个中等境况的家庭。广南县地处滇、黔、桂三省区的交界处,位于云南东南部,紧邻广西,今属于文山壮族苗族自治州。明清时期,中央王朝在广南实行土司和流官并存制,朝廷官员到任,加快对广南的开发和治理,经济和社会的发展也明显加快。自晚清到民国初年,设置广南府使得这里商贾往来、市场繁荣、人丁兴旺。特别是改土归流的变革更是吸引很多原籍少地无地或生产生活无着的汉族移民源源而来,或殖垦,或用工,或做小买卖。内地汉族不断涌入广南,传入先进的文化、技术和铁器,促进广南农业、商业、手工业、文化教育的发展,遂使广南成为滇东南的富庶之地。

柯仲平出生时,中国已在内忧外患中陷入亡国灭种的边缘。在他出生之前,法国侵略者利用勘定中越边界之机,耍尽花招,巧取豪夺,将越南边界线向中国境内推移,力图更多地侵占中国边疆的领土。当时广南府南部边境与越南交界,广南府西南边境的三蓬(上蓬、中蓬、下蓬)被邻近的越南保乐州土司侵占。法国占领越南后,声称三蓬属于越南领土而出兵占领,当地壮族、苗族与汉族等各族人民自发行动起来,抵抗法国占领军。可惜昏庸腐败的清朝官吏、广南府知府兴禄等人屈服于法国侵略者的强大压力,压制各族人民的抵制和反抗。

1911年10月10日,武昌起义爆发,敲响清王朝封建统治的丧钟。云南成为继湖南、陕西、江西、山西等省之后,率先在西南响应武昌起义的省份。10月30日,以蔡锷、唐继尧等为首的云南重九起义爆发,成立云南军都督府,以蔡锷为都督的军政府,对云南军事、内政、财政、实业、教育等进行多方面的改革和建设。在昆明重九起义后，清政府起用的内阁总理大臣袁世凯指挥清军占领汉阳，武昌告急；在四川，反对清政府卖国卖路的同志会、同志军展开积极的斗争，遭到原四川总督赵尔丰、钦差大臣兼四川总督端方的疯狂镇压。为抗击清军反扑、固守武昌，黄兴、黎元洪等致电蔡锷，请求滇军入川北伐。1915年12月25日，唐继尧、任可澄、蔡锷等联名发电，宣告云南独立，反对袁世凯复辟帝制，标志着护国云南首义、反袁护国运动正式爆发。护国军先后在川南、川东、湘西、滇南等地与四川、湖南、广东军队展开激战，为维护资产阶级共和制度、粉碎袁世凯复辟帝制做出重要的历史贡献。可以说，柯仲平的童年和少年时代正是在这种兵荒马乱中度过的。

柯仲平的祖父辈家境并不富裕，早年依靠他的爷爷外出"赶小街"（赶集）维持生计，后来生意略有好转，才积蓄一些钱财，在广南县城置了部分田产和房屋。他的父亲柯锡光，读书人出身，曾带过兵。在柯仲平出生后就到滇南的思茅（今云南普洱）做官，初任思普沿边（今云南普洱、西双版纳一带）管带和保卫队长。后因平定勐遮勐顶有功，于1914年5月升任思普沿边第五分局（今云南勐腊县）的行政委员（相当于县长职务）。到勐腊后，他的父亲在当地又另娶妻室，组建新的家庭，1922年（也有人认为是1921年）病死在思普沿边第五分局行政委员任上。柯仲平的母亲高崇，在书香气氛浓厚的娘家长大，是位有文化素养的家庭妇女。她宽厚仁慈、心地善良，含辛茹苦地教养柯仲平兄弟长大成人。柯父死后，家境开始走向衰落，全家仅靠原来的一些积蓄和母亲替人织布做鞋换点零用钱，还有每年租地农民交来的三四百斤租谷过活。生长在这样的家庭里，他从小就帮助母亲做些力所能及的事情。因此，对于劳动人民的辛劳，他有着十分深刻的感受，到他成年时，他在诗作里屡次提及童年的生活。

柯仲平家有三兄弟，他是老大，原名柯维翰；二弟名柯维凡，1921年2月出生，不幸的是，在12岁时因病早逝；他的三弟名柯维新，是位水利专家，1980年在云南省昆明市去世。

早年所受的教育

1905年，科举制度被清政府废除，开始颁行新学制。这是我国传统教育向现代教育转化的关键一步。柯仲平的启蒙教育，开始于私学。1908年，7岁的他在家乡的私塾里读书，私塾设在县城的土地庙里，所授科目不外乎"四书五经"，重在记诵而轻于理解。私塾老师人称王先生，系晚清年间拔贡，知识丰富。幼年的柯仲平聪慧异常，他对"四书五经"的知识虽然不能全部理解，但却深得王先生的喜爱，常在学生中对其进行表扬。据说，王先生有时晚上煮夜宵，喜欢叫上自己喜爱的学生柯仲平一起享用。因此，先生和学生之间不仅白天在课堂上交流，夜晚也有相互沟通的机会，这种私塾教育为他后来的成长打下了坚实的基础。

童年的柯仲平在私塾学习时，非常喜欢读书和听故事。当时，他的父亲不在他们身边，全家生活用度都落在母亲单薄的肩上，尽管生活艰辛，他的母亲没有放弃对儿子的管教，常常勉励儿子要好好读书，给他讲读书做人的道理，激励儿子要像古代的英雄人物一样，立大志、做大事。因此，小小的柯仲平在心里暗暗立下宏愿：一定要到外面的天地里面去，读世界这本大书，谋一番大的事业。据陈之鹤在《柯仲平童年的故事》里说："原来，维翰的母亲能讲许多动人心弦的历史故事，常常使维翰听得入迷。一次，妈妈给他讲民族英雄班超的故事。当讲到班超投笔从戎，在战场上智勇双全，曾使用'诈退暗袭'的策略，佯做退兵，故意让捉来的俘虏跑掉，'泄露'消息……班超迅速集中优势兵力，一举攻破敌军主要营垒……维翰听了，激动得差点流下眼泪，说：'妈妈，我也要当个班超。'"通过读书和听故事，使他幼小的心灵得到启迪和滋养，使他的童年生活充满乐趣；通过读书和听故事，使他跨越时空的障碍，领略到历史上许多英雄人物的风采。

私塾结束，柯仲平进入广南县高等小学读书。当时的广南高小,是由柯仲平的舅父高松年创办的,在这所学校里,他度过愉快的时光。当时,住在广南城里的柯仲平与周围农村的同学相处融洽,喜欢听他们唱侬人(壮族的支系)山歌,跳苗族、瑶族舞蹈,特别欣赏当地少数民族抱在怀里的乐器——月琴。1916年,柯仲平小学毕业,以优异的成绩考入云南省立第一中学读书。

昆明求学

在云南省立第一中学求学期间,柯仲平积极参加各种社会活动,成为昆明地区学生运动的主要领导人之一。1920年2月,他创作抒情短诗《白马与宝剑》。这是他最早创作的诗歌,在云南各地曾广泛流传。

昆明的学生生活

1916年,15岁的柯仲平怀着对学习的追求和对美好生活的向往,来到春城昆明求学,被编入云南省立第一中学第七、八班学习。自此,柯仲平在风景秀丽的昆明开始了5年的正规中学教育。

柯仲平在昆明期间,由于本名叫柯维翰,别号仲屏,他改"屏"为"平",以后就一直沿用"柯仲平"这一名字。在学校里,他曾担任过学生自治会主席。当时同学对他的印象是胆子大、口才好,讲话富有表情和号召力。对于这段时期的生活,据徐克在《诗人柯仲平》中回忆说:五四运动前他到昆明省立一中读书,家中经济困难,无力供给,正准备放弃学业,找职业谋生时,忽然有一天他路过五华山云南督军署门前,见贴着红榜,上写一些新委派到西双版纳官员的姓名,无意中发现有他父亲的名字,于是他给父亲写了信去。不久接到回

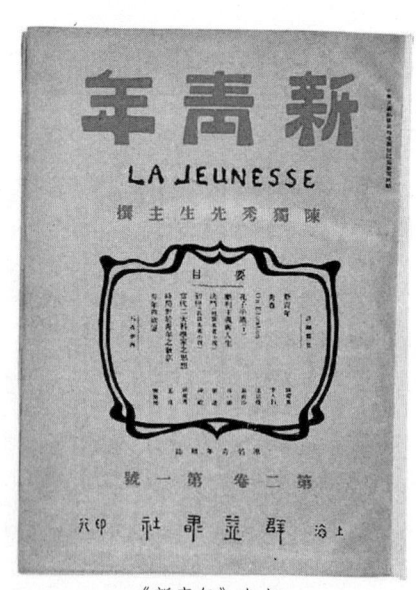

《新青年》杂志

信,父亲表示可供他读书。这样,他才能继续学习。"表明在昆明求学期间,直到与父亲联系上之前,他的生活都不是很稳定,重要原因是经济困窘。

在云南省立第一中学求学,柯仲平除认真学好国文、算学等各门课程外,最喜爱阅读从北京寄来的《新青年》杂志。《新青年》杂志作为新文化运动和中国现代文化思想史上最重要的刊物之一,是中共早期领导人陈独秀于1915年9月15日在上海创办的。陈独秀在发刊词《敬告青年》里指出:"人权说""生物进化论""社会主义"是近代文明的特征,要实现社会改革的这三件事,关键在于新一代青年的自身觉悟和观念更新,勉励青年崇尚自由、进步、科学,要有世界眼光,要讲求实行和进取。《新青年》的创刊是新文化运动兴起的标志,《敬告青年》则成为新文化运动的宣言书。1917年1月,陈独秀被聘为北京大学文科学长,《新青年》编辑部由上海转往北京。

当时,《新青年》杂志作为全国反帝反封建和鼓吹民主革命的中心刊物,发行到全国各地。在边陲昆明的校园里,柯仲平不仅读到《新青年》杂志上鲁迅以反帝反封建思想为基本主题的小说《狂人日记》《孔乙己》,还读到《新青年》杂志上陈独秀、李大钊等宣传马克思主义、反对封建主义的文章。同时,他还读到鲁迅先生发表在《新青年》杂志上的《我们现在怎样做父亲》《我之节烈观》等著名杂文。可以说,正是这一时期对《新青年》杂志的阅读,极大地开阔他的视野,促使他的思想发生了转变。据《柯仲平传略》记载，他还常常把这种传播新思想新文化的进步刊物，送给其他同学看，并把一些《新青年》寄给远在广南老家的表弟高令中阅读。

1919年5月，"五四"青年学生爱国壮举发生后，偏居一隅的昆明青年学生大为震动，他们纷纷群起响应，反对北洋军阀政府丧权辱国，反对巴黎和会强加给中国的不平等条约。柯仲平多次组织学生参与游行、示威、演讲、写标语、演话剧、砸日本洋行、焚毁日货等爱国活动。据当时作为中学生参与活动的楚图南回忆："昆明的各校中学生，举行游行示威，在昆明一家最大的日本商行——'保田洋行'门前散发传单，投掷石块，高呼'打倒日本帝国主义'等口号。"不久，柯仲平又参与组织"学生爱国联合会"；参与组建云南省立一中演剧团，动笔编写剧本，参加演出和抨击侵略者、卖国贼的活动，批判封建婚姻的毒害以及赞颂工农的神圣等，积极参加校内和社会上的各种活动，很快成为昆明地区学生运动的主要领导人之一。

这个时期的柯仲平，在校内和社会上承担多种职务。据《滇潮》1921年第7期报道："五月十四日，校教职员及本会全体职员……开联席会议，首由主席柯维翰君报告开会理由……"在他担任学生自治会主席期间，曾领导和组织学生进行课外学习活动，对学校无理开除学生加以争辩，对学校经费的公开透明与否进行监督，甚至对在校外演出话剧和游行活动等都负责组织和领导；任云南学生爱国会文事科科员，学生爱国会是五四运动后由云南省立各中等学校代表发起成立的自治组织，后改称中华民国学生联合会云南支会；任云南民治实进会评议员，该会根据云南都督唐继尧的"废督裁兵""联省自治"的思想，于1920年9月筹备，10月在省议会投票选举各职员，依照规定，评议部议决会内一切章则及重大事务。据柯仲平发妻陆月娥回忆：柯仲平的舅父高松年看到他在政府开会时上去发言，说些对政府不恭敬的话，内心很焦急，希望他注意自己的言行……当时的评议员需要对省内重大事务有责任加以评议，这在柯仲平的舅父高松年看来，是以下犯上的事情，他由于不习惯而感到害怕，担心年轻的柯仲平吃大亏，遭到政府的迫害，加以劝告。

同年12月，云南学联派出柯仲平、楚图南等10名学生代表，出席在上海召开的全国学联第一次代表大会。1920年，他与同在云南省立第一中学的杨青田、丁桂媛等21人，秘密成立社会主义研究团体——"大同学社"（T.T.A），以研究社会主义学说、改造社会为宗旨，这是云南出现的第一个社会主义性质的小组。由此不难看出，柯仲平在中学时期，在政治上相当活跃，他全身心投入到反帝反封建的爱国浪潮当中，渴望民族独立、自由、民主，这些愿望极大地激发了他的人生理想和生活信念。

崭露创作才华

作为云南近代史上的文化名人，柯仲平在中学时期就初露头角，积极从事文学创作和文艺实践，已显露出引人注目的才华。1920年，19岁的柯仲平开始尝试进行新诗创作，于2月10日写出抒情短诗《白马与宝剑》（载1926年11月7日《狂飙》第5期），这是柯仲平真正意义上的第一首诗作，突出地表现了他反帝反封建的斗争精神。此前一年，他曾写过歌词《莫懒惰呀莫疏忽》（曲也是他所作，据柯仲平说是"自己作歌又自己乱作谱"），这首歌词在当时虽然没有正式发表，但柯仲平在1927年所写的《革命与艺术》中曾提到："六年前，我曾作过一剧本，在昆明的'群舞台'上演，那表现着我理想中的革命行动……由远渐近地听得农村少年们的歌声……这歌就是我们（剧中青年）宣传品上的……以后呢，大概云南的小少年们都唱遍了。"这里所唱遍的就是指《莫懒惰呀莫疏忽》，其实在创作这首歌词时，他是以诗歌的形式进行创作的，后来觉得可以歌唱，就自己进行谱曲，这首歌在云南各地都曾广泛流传。《白马与宝剑》这样写道：

> 最初与最后的时间，
> 要缩成了现在的一点，
> 有灵的并没灵的，
> 苍茫一片；
> 绝崖抱怨不言，
> 海风冲击着——这一块悲凉的天；

> 你愁愁不言的姑娘呵!
> 何皓素如此,独自漂来绝崖边!
> 我知你所求不见,
> ……
> 你欲绝,你又说:"太不美了,
> 绝不在这样的世间!"
> 呵!我能作那万恶的化身吗?——
> 呵!我愿!我愿!
> 开你胸怀呀!——
> 呵!我这悲鸣而泪泣的一支宝剑!

《白马与宝剑》的副标题是"情曲中之一",表面上看来,这首抒情短诗写的是爱情,诗里的"白马和宝剑",都是围绕着诗人同他理想中的伴侣——一个"愁愁不言的姑娘"命运的发展而展开抒情的。在诗里,"白马"是姑娘幻想中乘着它脱离"厌倦人间"的理想象征,"宝剑"则是代表诗人自己追随姑娘、相依为命的一种发自内心的心曲。但是,这首诗歌不是一般意义上的爱情诗,也不是西方文学中骑士与美女的象征抒写,而是以抒写爱情的方式来表达诗人自己对当时现实的愤懑情绪。在这首诗里,姑娘披露自己的现实处境:"家中于我,已同监牢",就是诗人对于当时现实生活环境的真实写照。柯仲平在这里借助姑娘的口和心,诅咒当时的社会生活甚至会"天崩",会"地陷",在内心里发出誓言:"更盼着个长尾的星儿,/击碎了这样的个人间;更,更盼着——骑一只腾云的白马,/从此隔绝了!从此登仙!"也许人们会对"从此隔绝""从此登仙"所表达的精神内涵有各种各样的理解和阐释,但在具体的历史时代条件下,诗中对现实的不满、希望摆脱现实生活的桎梏等,却是可以清晰地看到。

除备受关注的《白马与宝剑》外,柯仲平这一时期还有一些作品,尽管在1984年文艺出版社出版的《柯仲平诗文集(4)》编者的话里说:在1927年以前,"他还写过什么,我们目前还不清楚"。但是经过云南大学文学院蒙树宏教授的梳理和考察,发现柯仲平在云南省立第一中学的报纸《滇潮》上,还发表过《少年的悲哀》《过灵鹫河》《奋斗的我见》《创造新文化的〈潮滇〉》等作品。其中《少年的悲哀》(续完)刊于1921年6月26日第6期,这是篇以对话形式写成的戏剧或小说,具体内容讲述思洁的母亲因旧思想旧文化作怪,早早地为思洁娶了媳妇,结婚将近两月了,思洁……深感痛苦。其母也后悔,说:"你的妹妹爱梅,我也再不为她做主,任她自由了。"思洁被迫妥协,"闷着气的顺从了","作为时代的牺牲者",其妹爱梅说:"我哥哥他说出去不想回家了。"在这篇不能准确定义为戏剧或小说的作品里,除了柯仲平没有妹妹以外,《少年的悲哀》明显带有自传的成分,这个"少年的悲哀"其实就是柯仲平生活的悲哀。像中国现代文化史上的许多名人一样，柯仲平受长辈的包办，与一位旧式女性陆月娥结婚。据蒙树宏先生1987年2月访问他的发妻陆月娥时说，陆月娥和柯仲平在1920年冬结婚，当时，柯仲平的奶奶仍然健在，就将在昆明读书的柯仲平喊回来，"头天过礼，第二天结婚"。在柯仲平回昆明前曾征求过陆月娥的意见，陆月娥对他说："大丈夫不为妻子儿女，为功名富贵。"婚后柯仲平离开云南，他和家里联系不多，在外面的活动，家里都不知道，只认为他在外面读书、闹革命。因此，柯仲平与陆月娥的婚姻，是他的奶奶和母亲撮合的，然而他们夫妻之间没有真正的感情，这也就像鲁迅先生所说的是"无爱的婚姻"。

在1921年7月10日第8期《滇潮》上，柯仲平发表过一首只有8行的短诗，名为《过灵鹫河》。这首短诗写的是灵鹫河河水不停地奔流、怒吼，作为抒情主人公的"我"要和河水商量。河水说："我是一贯的向下运动的——快说罢，……不能等待了。""我"发问："你确定一贯的向下运动能达到你水平线上之目的么？"当时有同学在《滇潮》上撰文评价这首诗，认为这首诗写得"非常自然"。蒙树宏先生认为，这首诗"可能隐藏着柯仲平对旧婚姻的一种思想活动"。据徐克在《诗人柯仲平》里说，他的朋友张迪青曾给柯仲平写信，说"婚姻是小事，不必为之和家庭闹纠纷"。实际上，当时柯仲平与省立女子师范学校的丁桂媛（后改名丁月秋）的关系已经非常密切，他可能把婚姻上的妥协认为是"向下运动"，而把与丁桂媛的相爱看作是"水平线上之目的"。因此，这首诗以河流作为隐喻或象征，表现的却是诗人对爱情的看法。

《奋斗的我见》发表于7月17日《滇潮》第9期，这篇文章谈论奋斗的意义、特性和奋斗与生命进化等。在文章的最后，作者说，对奋斗的认识，"各人所见，也许稍异的。但是，'要破除不适合于人生的一切事物，创造一个适合人生的社会，使人生有意义，有希望成个美好的人生'。想必是讲奋斗讲改造的人的共同点，我希望努力呀"。以现在的眼光来看，文章的文字稍显拙稚，内容显得有点杂乱，但柯仲平的思考是积极的、认真的，他对于奋斗的认识和理解以及通过努力来实现奋斗的目标，有着清醒的认识。这对于年轻的柯仲平来说，显得异常的真挚和难得。

《创造新文化的〈滇潮〉》发表于11月13日《滇潮》第25期。据蒙树宏先生考察，这篇文章的前半部刊于第24期，但题目、作者都被编者弄错，全文又在第25期重新刊发。这篇文章是对《滇潮》刊物的总体评价，认为《滇潮》对创造云南的新文化、反对旧文化有着重要的贡献。也就是说，柯仲平对《滇潮》的评价是理性的，也是有价值的，他说"《滇潮》是世界新文化潮流到云南所现的一个产儿"，意义重大，但评价不能过高，"大都从内心现出柔嫩及未成熟的状态"。作为云南宣传新文化运动的重要刊物,《滇潮》创刊于1920年10月25日,是云南最早的新文化期刊。《滇潮》是在《新青年》杂志的影响下创办的,在该刊的发刊词上明确表示要"做云南新文化的导管","相信未来之世界,一定是'德谟克拉西'之世界无疑"。除柯仲平外,艾思奇、马子华、刘尧民等云南历史文化名人都曾在《滇潮》上发表过自己的作品。

此外,柯仲平还创作并登台演出《打倒章宗祥》和《劳工神圣》等话剧。据他后来的夫人王琳在《柯仲平传》里说,柯仲平在《劳工神圣》里扮演"资本家",在《打倒章宗祥》里"扮演了一个学生领袖";而他的同学魏英白则说,柯仲平在《打倒章宗祥》里扮演过外国或中国的大官。尽管不能确定,但是可以说,这些在昆明的艺术实践活动,为柯仲平在延安时期兴办边区民众剧团积累了宝贵的实际经验。

参与革命运动

1921年,柯仲平毅然离开昆明,辗转来到新文化运动的发祥地——北京,就读于私立北平法政大学。在北京,他结识新文化运动的先驱鲁迅先生,创作和生活都深受鲁迅先生的影响。但由于各种原因,他来到上海参与"创造社"和"狂飙社"的活动,走上革命的道路。

北京的生活

五四运动作为一场伟大的思想启蒙运动,也是中国人民彻底反帝反封建的爱国运动。它像平地惊雷,震醒了炎黄子孙;也像一阵春风,吹绿了中华大地。它更以奋发图强、积极进取的精神哺育了年轻的一代。刚刚步入人生大门的柯仲平,正是受到"五四"青年知识分子的影响和熏陶,据王琳说:"他带着云南边疆叛逆者的身影,满怀信心地奔赴当时新文化运动的发祥地——北京"。北京有着许多的革命志士,还有许多的文化名人,柯仲平可以把自己的希望和理想建构在这里,做自己喜欢做的事情。

青年柯仲平

1921年12月,20岁的柯仲平毅然离开生活了5年的昆明,经滇越铁路乘火车到达越南河内,再从海防乘船到香港、上海等地,于年底与丁月秋辗转到达北京。然而,一到北京,迎接他们满腔热情的却是残酷的现实。此时,如火如荼的五四运动的战斗气氛已被浓重的黑暗、沉闷所替代，强大的封建势力正在进行着垂死的挣扎；新文化阵营也被这恶浪冲击得四分五裂，内部逐渐发生分化。正如鲁迅在《南腔北调集》"自序"里所说："有的高升，有的退隐，有的前进。"初步形成的一支新文化队伍几乎"布不成阵"。柯仲平暂时居住在宣武门外的云南会馆，据王琳说："他们被分配到北馆最靠北的一个小院里，这小院只有一排四间平房，一条狭长的小天井，种着一两棵不大的树，真还是清净的所在呢。丁月秋住最后一间，柯仲平住她隔壁，另一边住的是在昆明时扮演张（应为章——笔者注）宗祥的朱静涛。"此后，相当长的一段时间，朱静涛和他们都住在云南会馆。

1922年4月2日，云南会馆筹办云南同乡联谊会，柯仲平和朱静涛等在京的云南同乡受到邀请，到位于天安门西边的来今雨轩参加云南同乡联谊会。许多在清华、北大、燕京、师大、女师大、中法、辅仁等高校就读的云南籍学生都参加，平时大家见面机会不多，在远离家乡的北京，能够相聚集会，大家都分外高兴。因此，在聚餐后举行的晚会上，有表演舞蹈的，有表演唱歌的，柯仲平受到同乡的激发，在晚会上朗诵诗歌，受到云南同乡的欢迎。

然而，由于当初柯仲平和丁月秋离开昆明时，他们所带的生活费用不多，加之柯仲平的父亲病逝，失去父亲提供的稳定的生活来源。一度经济拮据，他们不得不依靠典当随身携带的衣服或友人的接济度日，生活过得十分窘迫。可以说，正是这种游忽不定的生活，使柯仲平有机会对社会现实做进一步的了解和认识，也使他对人生的艰辛有了更为深切的体会。对此，他在1923年创作的《此千起万伏的银河》（载1926年6月25日《莽原》第6期）中写到：

> 原来这儿还是荒原，
> 原来这儿还是坎坷之场。
> 正好赶她一群蝴蝶儿，
> 可我一跤跌在白茫茫的荒原上。
>
> 落得君引颈而啾啾，
> 君，一只勇敢的飞禽；
> 落得君掀绛纱而微笑，
> 君——我云中的行星。
>
> 起来更觉精神，
> 起来更要奋进；
> 你妙心而寡力的，
> 怎不就葬我在此雪茔？

这首诗，据诗人题记："1923年冬月尾一个雪雾茫茫的早晨，我出北京西城跑雪归来写。"那时，柯仲平到北京将近两年，原本他想投考大学，然而得补习数理化等功课，对此他感到很头疼；写了一些作品，投到报刊编辑部，却没有采用的消息。因此，年轻的诗人正处于人生与追求的十字路口。这些都在他的《此千起万伏的银河》里有所反映：在未到北京之前，他对北京充满着无限的向往和憧憬，然而到后来，理想与现实之间的巨大差距，使他生发出"原来这儿还是荒原，原来这儿还是坎坷之场"的感叹，但是，对于胸怀理想与激情的诗人来说，尽管屡次遭受生活的挫折，甚至被人不理解和埋怨，他依然没有放弃对理想的追求，"起来更觉精神，起来更要奋进"。

1924年，柯仲平就读于私立北平法政大学法律系，一直到1926年。事实上，沉湎于新的艺术事业——现代新诗创作的年轻人而言，他在学校挂名注册后，并未每天到校认真上课，而是一往情深地进行新诗写作。在此过程中，他相继写出《我的少年人你在哪里》《劣情》《挽她来哪儿住家》等抒情短诗。最为重要的是，这年的10月24日，他完成诗人创作生涯里的第一部长篇抒情诗——《海夜歌声》。从某种意义上说，《海夜歌声》是他当时思想和艺术追求的忠实记录，他把这部诗当作是自己的亲生孩子，为这孩子的诞生承受着巨大的磨难。据他当年的友人、著名的汉园三诗人之一的冯至先生回忆，柯仲平在写这首诗时，刚开始写了一部分，就生了一场重病。他很贫困，靠着几个仅有的朋友（包括中国现代著名作家郁达夫）的资助，才付清住院的费用。在这首1800余行的诗歌中，诗人用近乎愤怒的口气说："来罢！所有的仇敌，冷刀尽管落在我的体肤上，笑骂尽管筑起了重重围墙；最大限度是将我头提去,最大的毒刑——将我砍碎,撩与飞鹰;除了此,还能伤我吗?"强烈的个人感情和对现实的不满跃然出现在纸上。同时,在这首诗里,他还用艺术形象把自己对黑暗现实的理解,毫不隐讳地描绘出来:"我们无家可归的人儿呀,家乡?家乡——人肉的贩卖场,哪处不是哄骗的绝崖?哪处没遭狼蛇的咬伤?"可以说,这一时期柯仲平无论对于革命出路还是诗歌的前途,都没有清晰明确的目标。他凭着一腔热情,凭着对黑暗现实的深切感受,用艺术做着刻骨铭心的抒发。据他的朋友回忆,当他病愈,继续废寝忘食地创作这首长诗时,每逢遇见故友知己,他就以高亢的声音朗诵诗中的片段。他朗诵时,一心只是要读给朋友们听,不管屋子外边有小孩子趴在窗口起哄,或是院子里有人风言冷语地嘲笑,他仍坚定执着地朗诵。当然,诗人并不仅仅是借朗诵抒发自己的情怀,而是要通过反复的朗诵,企图寻找到一种能唤起更多的人共鸣的新诗作。

在《海夜歌声》的创作过程中,曾发生过许多令人悲哀又好笑的事情。当时北京的小市民很难理解柯仲平的为人。他头发卷曲,不修边幅,常常整夜整夜地写作,冬天没有钱买煤球生火,便把脚伸进稻草筐里取暖。邻人们把他看作是"怪人",当他有时走过街头巷尾,常有人向他喊叫:"大鬼!大鬼!"他丝毫不在意。有一次,在秋天的夜里,月明如昼,他和朋友一起散步到陶然亭,四周都是浅丛苇,废家荒坟,路上没有行人。诗人兴之所至,就高声唱起他的诗句，惹得远近人家的狗吠叫起来，甚至有人开门向外张望，以为发生了什么重大事故。

与鲁迅先生交往

正当柯仲平在黑暗与孤寂的现实中苦苦摸索时，他在北京结识了中国新文化运动的伟大先驱——鲁迅先生。这对于他的思想和创作发展都具有重要的现实意义，鲁迅先生给予他热情的帮助和支持。为了求得思想和创作上的不断进步，1925年6月，他以忐忑不安的心情写信向鲁迅先生求教。据《鲁迅日记》记载，从1925年6月5日到1926年2月23日，他们之间的交往有8次：

鲁迅先生（1881—1936年）

1925年6月5日,"得仲平信";

7月12日,"寄柯仲平信";

8月5日,"夜柯仲平来";

10月9日,"柯仲平来";

12月20日,"夜风。柯仲平来";

1926年1月17日,"柯仲平、宋紫佩来,未见";

2月11日,"上午得柯仲平信";

2月23日,"夜柯仲平来"。

与鲁迅的交往,使处于黑暗中的柯仲平看到中国文学的光芒,有了信心和勇气。因此,他常到鲁迅家里拜访和求教,得到热情的鼓励和帮助。他给鲁迅朗诵他的诗作,鲁迅为他看稿件并提出修改意见,鲁迅还把他的稿子介绍到《语丝》《狂飙》等刊物发表。据荆有麟在《鲁迅回忆·母亲的影响》中说:"曾记诗人柯仲平第一次访先生时,带着大批诗稿,先生因其系初访的生人,便接待于客厅……略谈了一会儿之后,仲平便拿出他的诗稿,向先生朗诵了,声音大而嘹亮,竟使周老太太——先生的母亲,大为吃惊,以为又是什么人来吵闹了。便喊我立刻过去看看,并且还叮咛着:'要是胡闹的人,让他走好了,不要大先生同他再吵了。'待我看到是在读诗,才回头告诉老太太,老太太说:'可是个怪人吧?我听老妈子说：头发都吊在脸上，怕他同大先生打起来，大先生吃他的亏。'"同样，在著名作家杜鹏程的回忆文章中也有记载说："一天，他在鲁迅先生家中作客，突然诗兴大发，高声朗诵他的诗作，鲁迅先生的母亲以为出了什么事情，走过来一看，原来桌子上站着一个头发披在肩上的青年，手舞足蹈，又喊又叫。此时，鲁迅先生指缝夹着纸烟，身子微微侧躺在靠椅背上，蛮有兴味地望着他。接着，柯仲平跳下桌子，坐到鲁迅先生身边，又亲切地交谈起来。鲁迅先生说：'中国诗人中你最喜欢李白。你知道我喜欢哪位诗人？我也喜欢李白！'"此外，鲁迅先生还高兴地请柯仲平到北京饭店吃饭。后来柯仲平曾多次颇感荣幸地对别人说，鲁迅先生曾请他和他的朋友丁月秋、朱静涛等一道去"吃过坛子肉和银丝卷"。这些情况说明，鲁迅先生作为中国现代文学史上的伟大作家，对于像柯仲平这样的年轻诗人，他没有摆什么架子，而是和蔼可亲地加以接待，热心地引导，真诚地关心，使得柯仲平与鲁迅的关系越来越密切。

1926年8月，鲁迅离开北京到厦门，尽管此时他因种种原因在感情上与"创造社""狂飙社"有心理距离，但他的心还时时挂念着远在北京的柯仲平。同年10月4日，鲁迅在致许广平的信中说："创造社伙计内部，也闹起来了，已将柯仲平逐出，原因我不知道。"表现出他对柯仲平的关心和惦念。至于"狂飙社"与鲁迅之间的矛盾，起因在于青年作家高长虹挑起对鲁迅的攻击，诽谤鲁迅是"世故老人"，"倒卧在青年脚下的绊脚石"，甚至把他生病也算是笑柄，年龄也当成错误……对于高长虹的这种"胡闹"，"狂飙社"一些成员，如高歌、向培良、尚钺等，都曾跟着他起哄。但是，柯仲平却持反对意见，用别人的话说，"他没有介入"，用他自己的话来说，他当时，"没有骂过鲁迅"。非但"没有骂过鲁迅"，他在给高长虹的《赠答》诗中，还批评高长虹的这种做法，质问高长虹的"钢箭落哪里？"在高长虹掀起的这股反鲁迅的浪潮中，他作为"同伙"而没有被卷进去，这是不容易的，说明他对鲁迅的真挚情谊，没有因为时间的流逝而消失。

1931年1月17日，因叛徒的出卖（即上海"东方饭店案"），国民政府当局逮捕柔石、殷夫、胡也频、李伟森、柯仲平等人。在事件发生后的第三天，鲁迅得知这一消息。当时，柔石、殷夫等23人被枪杀于上海龙华刑场，而柯仲平等其他几位，由于未曾暴露身份，幸免于难。这些文学青年被捕并被害之事使鲁迅非常气愤和哀伤，从而写下他著名的《无题诗》："……忍看朋辈成新鬼，怒向刀丛觅小诗。"抒发了他对青年们的同情和反动派的极端愤慨。为了使柯仲平早日脱险，他的朋友们积极进行营救，准备以取保就医的方式相救。当时，典狱长索要300元，朋友们只筹措到200元，正在左右为难时，鲁迅先生得知消息，就把身边仅有的100元稿费交给柯仲平当时的夫人丁月秋，救出身陷牢狱的柯仲平。

据说,直到鲁迅先生逝世前不久,尽管此时的柯仲平远在日本,长时间没有相见,他对柯仲平还是难以忘怀。在一次他和云南青年的谈话中提到:"你们云南的朋友我见过面的只有两个人,有个叫柯仲平的你认识么?还有个是艾思奇。"这里提到的"朋友",足够说明鲁迅先生对柯仲平情感的深厚,同时说明这位文学导师对青年一代的看重和关怀。

柯仲平对鲁迅的崇敬也有大量事实表明。1936年10月19日,鲁迅先生不幸病逝,远在日本的柯仲平"很悲痛,热泪盈眶,不能自已",在心情沉重下,他写出《赠爱人》这首诗,他沉痛的写道:

> 看后面,
> 后面是我们血染成的
> 大道;
> 看前面,
> 前面是我们要开辟的
> 峦野荒郊;
> 想什么空头心事呀?
> 走,走,走,
> 机警地走!
> 壮勇地走!
> 按着一定路线走!

赠爱人,

年年有红花绿草;

劈道路,

手里是斧头镰刀,

想什么空头心事呀?

走,走,走,

机警地走!

壮勇地走!

按着一定路线走!

　　这首充满激情的抒情诗,原本是柯仲平在1935年"一二·九"运动后在日本写给朋友徐克的,正如柯仲平自己所说:这首诗"原也不是为鲁迅作的,是作来唱给我的爱人徐南云(即徐克——笔者注)听的。可是,我觉得,从我和鲁迅先生的关系上想,这首诗,唱给他听是有意义的。"很显然,这里所谓的"爱人",已从狭窄的恋爱关系上升到对鲁迅先生的缅怀和悼念,并且要在鲁迅的灵前表明自己要"机警""壮勇"地"按着一定的路线走"的心迹,已赋有广阔的内涵和意义。

　　1938年4月20日,柯仲平发表《是鲁迅主义之发展的鲁迅艺术学院》一文,借助"鲁艺"的创办大力歌颂鲁迅,阐述学习和坚持鲁迅精神对办好"鲁艺"的重要意义。他说:"鲁迅主义得鲁迅艺术学院来继承并发展,鲁迅主义必将发出更大更丰富的光辉来。"5月,他积极筹建"陕甘宁边区民众剧团"并任团长。10月19日,在延安民教馆鲁迅逝世两周年的纪念大会上,他组织民众剧团演出马健翎编著的秦腔剧本《好男儿》,以示对鲁迅先生的缅怀。10月20日,他在《新中华报》上发表文章说:"鲁迅先生逝世后,我每每对我自己说,待我的战斗生活有了相当的成就时,或者待我成为一个真正的老作家时,我一定要好好写出一篇纪念鲁迅先生的作品来。"他还以鲁迅"先生临死前也还在为中国人民,为人类,做积极战斗"的话用来勉励自己。这时,诗人在年龄上还不到40岁,也还算不上是"真正的老作家",但他已有"相当的成就",他谦虚地说要像鲁迅先生那样"做积极战斗"。那时,他还经常勉励青年人阅读鲁迅先生的著作,曾将一本鲁迅的著作送给一个二十多岁的青年学习。由此可见,在柯仲平的生活道路上,无论是思想还是创作,都或多或少地受到鲁迅先生的影响和引导。

参与"创造社"活动

在中国现代文学史上,文学研究会和创造社是成立最早、影响和贡献最大的新文学社团。创造社于1921年6月在日本东京成立,最初的成员有郭沫若、张资平、郁

《创造月刊》

达夫、成仿吾、田汉、穆木天、张凤举等人,都是在日本留学的中国学生,他们先后创办有《创造》(季刊),《创作周报》《创造日》《创造月刊》《洪水》等十余种刊物。他们初期主张"为艺术而艺术",强调文学必须忠实地表现作者自己"内心的要求",讲求文学的"全"与"美",推崇文学创作的"直觉"与"灵感",比较重视文学的美感作用。创造社早期的创作,以郭沫若的《女神》、郁达夫的《沉沦》和田汉的戏剧等为代表,充分体现了"五四"反抗、革新的时代精神,表达了觉醒的青年一代的呼声,创造了中国现代文学史上浪漫主义文学的高峰。

创造社的文学活动以1925年五卅运动为界,分前后两期,即前期创造社和后期创造社。当时,随着革命形势的深入发展,后期创造社逐步转向并提倡"表同情于无产阶级"的革命文学。1926年，郭沫若、郁达夫等在上海积极筹备恢复创造社的活动，集资筹办《创造月刊》，需要年轻人来参加创造社的活动。是时，作家郁达夫热情地写信约请柯仲平到上海来帮忙。因此，这一年可以说是柯仲平思想和创作发生重大变化的一年。此前，在北京，他目睹、亲身参与震惊中外的三一八惨案，亲自为被杀害的战友收过尸。惨案发生后，面对反动统治的白色恐怖，面对死难烈士的淋漓鲜血，他创作长曲《几个新死的阴魂》。此后，由于经济上的困窘与私生活的纠葛，他不得不中途从法政大学退学，旋即辗转来到上海，参与创造社的活动。

1926年4月，在上海闸北宝山路三德里A字11号创造社出版部打包间里，柯仲平与周全平、潘汉年、叶灵凤、周毓英、成绍宗、邱韵铎、梁预等人在一起，他们被称为创造社的"小伙计"。据作家楼适夷回忆："周全平算是头儿，还有潘汉年、叶灵凤、邱韵铎那些人。柯仲平尽管长得又高又大，也是这小字辈中的一个。其实即使在当时，他们也都是有名的人物了。周全平编《洪水》半月刊，别的小伙计也办自己的刊物，一个叫作《幻洲》的，是袖珍本的小月刊，内容分作上下两部分，上部叫《象牙之塔》，是纯文艺的，由叶灵凤编，他提倡的是王尔德式的唯美主义；下部叫《十字街头》，由潘汉年编，他自称提倡'新流氓主义'，大家便戏称他为'下部编辑'。大汉柯仲平，则在北京已经是有名的'狂飙'诗人了。"当时，在闸北宝山路和附近一带，有商务印书馆编译所、东方图书馆以及上海大学等文化教育机构，居住着众多的文化人和地下工作者，使这里成为上海新兴的"文化区"。

在创造社出版部的文学青年中，柯仲平是很活跃的一位，他勤奋好学，既写诗又朗诵诗，把自己完全投入到诗的境界中去。由于他的诗作犀利豪放，因而创造社同仁都称其为"狂飙诗人"，"狂飙诗人"的雅号从此叫开。在出版部成员举行的联欢会上，他还把此前创作的长诗《海夜歌声》拿出来给大家朗诵。同时，这一时期他还相继写出《工作之余》《献给狱中的一位英雄》《长征》等诗篇，发表在同年的《洪水》《狂飙》等刊物上，受到读者朋友的好评。

8月7日清晨，国民党上海市党部查封创造社，淞沪警察厅查封出版部，柯仲平与叶灵凤、成绍宗、周毓英等被警察拘捕。对于监狱中的生活，成绍宗在他的《狱中拉杂记》里写到："我怕柯仲平要发疯，他看见人吃藤条的时候，他坐都坐不住了，他大步地来回走着，突着眼睛，握住拳，如果不是给这列木柱拦隔，他一定早打那狱警去了。"经创造社未被捕的周全平、潘汉年等同仁全力营救，8月12日，柯仲平等4人被上海互济会和胡愈之、叶圣陶等保释出狱。在经历这一劫难后，使他深刻地意识到人生道路的坎坷以及想要做一番事业的艰辛。不久，柯仲平离开上海，前往北京，仔细地察看人生，深入了解社会。

同年10月，柯仲平经山西到达陕北的沙漠之城——榆林，探望在榆林中学任教的革命伴侣丁月秋。对于在榆林的生活，王琳在《狂飙诗人：柯仲平传》里记述："有时候，他和丁二姐来到红石林立、峭壁挺拔的红石峡，丁月秋带着画板，精心临摹这沙海气势磅礴的奇妙风光。有时候，他们双双登上历史上有名的镇北台的四层高楼，眺望那浩瀚的沙海，起伏的沙浪……"在偏居西北的陕西榆林，诗人那颗年轻而火热的心，总像大海一样波涛汹涌，从来没有片刻的宁静。无论是在晨曦还是深夜，不平静的诗人都会想起外面的世界，想起他手中紧握的笔。于是，在11月10日这天深夜，他在西北沙漠里写成《"沙野冬夜"会风曲》，里面有这样的诗句：

呵呵！伏案歌写真愚笨，
狂风去后不再有歌声。
歌中行，
行中歌，
歌尽行尽，
行尽歌尽，
江山破灭犹听你狂风声。
歌中行，
行中歌，

歌尽行尽，

行尽歌尽，

世间何必另有甚"诗人"！

在这荒凉寂寞的沙漠里，不甘寂寞的诗人度过短暂的岁月。1927年4月，他告别丁月秋，离开榆林，南下关中，准备加入冯玉祥的国民革命军。据他说："我到长安来，并不想到教书讲演这回事。因为我只想到兵士中间唱战曲，或者是，啊！途中我曾梦过我写一篇农民诗。"柯仲平在路上走了18天，历尽艰辛到达西安。等他到达时，冯玉祥率领的西北军早已出兵潼关，他举目无亲，盘缠用尽，只能在西安暂时安顿下来。

在西安，柯仲平先后在陕西省立第一中学、省立女子师范等校任国文教员。这一段时间，他的诗作很少，可以说是他创作的"沉思期"，或者说"沉默期"。7月，经后来在上海成为演员的周伯勋联系，他在中共陕西团省委主办的西安暑期讲习会上做了《革命与艺术》的长篇演讲。同年10月，《新秦日报》把他的演讲印行出版。演讲稿除"自序"外，共分8讲，长达5万余字。这是他对自己所走过的艺术道路的总结以及对复杂的社会现实的认识，他在演讲中详细记录了自己对当时社会现象的剖析，对革命与艺术关系的理解，以及对自己创作的总结和批判。对于他的系列演讲，据听过的田克恭回忆说："我在西安听过柯仲平一次热情洋溢、慷慨激昂的讲演，终生难忘。"

1928年1月，西安的白色恐怖日趋严重，很多参加革命的同志和群众都遭到无情的逮捕或残酷杀害。在学校里任教的诗人看到，不少进步学生悄然离开，他的活动也受到严格的限制。8月，他不得不再次回到北京。

这期间，丁月秋的妹妹丁素秋和妹夫杨春洲都在北京上学，柯仲平也在他们附近的胡同里找到安身之所，并且在丁素秋家里搭伙吃饭。此时，杨春洲的弟弟杨辉远从广州的国民革命军那里来到北京，赋闲在家，杨春洲向北师大的黎锦熙教授借钱给弟弟在西单白庙胡同开了间书店，名叫"喇叭书店"。据说，这间书店的命名是柯仲平借用英国诗人雪莱的诗句"我愿做预言的喇叭，将沉睡的世人吹醒"而命名的。翻译家林如稷、雕塑家刘开渠等都大力协助过这个书店，不久，书店因出售进步刊物，引起政府当局施加政治压力并逮捕店员，又在经济上受骗，无法维持下去。"书店关门后，柯仲平暂时隐居起来。冬天衣着单薄，连小火炉都生不起，每天只好用街上买来的一壶食用开水，放在双腿中间，再用破棉絮和干草裹住取暖。日日夜夜就这样在创作第二部长诗《风火山》。"

1929年1月21日，柯仲平创作的长篇诗剧《风火山》完稿。这部诗剧以大革命时期为背景，以刚刚燃烧起来的中国工农武装斗争作为线索，描写一支革命军被敌人围困在城市，最后突围转移到风火山，重新整顿队伍，联合农民群众，以农村为根据地，开展轰轰烈烈的武装斗争。作为中国新诗史上第一部反映工农武装斗争的长篇诗剧，这部诗剧被研究者认为是中国诗剧发展到第二阶段的代表性作品，其他的代表作是何其芳的《快乐的人们》、柳倩的《防守》、张白衣的《信号》和朱湘的《阴差阳错》等。1946年，在中国任教的美国学者罗伯特·佩恩访问延安，听到柯仲平朗诵这部诗剧里的片断，这位美国人热情洋溢地评价说："长篇诗剧《风火山》中的大部分抒情诗歌，他仍能朗诵出来。这部诗剧，就像歌德的《浮士德》一样，似乎包括着无数的短歌，点缀在叙述、描写及战斗的场景之中，点缀在士兵们围着营火所唱起的歌曲之中。士兵们唱着这些歌，向着那神秘莫测的大山跋涉——到了那座山，他们的一切希望，都将得以实现。"对他的长篇诗剧给予高度认同，认为他的作品像德国文豪歌德的名著《浮士德》一样，给读者留下深刻的印象。

参与"狂飙社"活动

1919年5月，五四运动爆发，受五四新文化运动影响，当时在山西省立第一中学读书的高长虹与张稼夫、段复生、高沐鸿以及在省立师范就读的张磐石、高隽夫等进步青年积极撰写文章，评论时政。他们组织狂飙社，筹备出版《狂飙》月刊，在太原引起轰动。1924年9月，冯玉祥发动北京政变后，高长虹赶到北京，在景梅九主持的

《国风日报》上办起《狂飙》周刊,发表文章,阐述己见。1926年10月10日,高长虹在上海复刊《狂飙》周刊。在上海时期,高长虹出版17期《狂飙》周刊,同时主编出版《狂飙丛书》,成立狂飙社出版部,做了大量卓有成效的工作。狂飙社的主要成员除高长虹外,还有高沐鸿、高歌、段复生、向培良、阎宗临、尚钺、郑效洵、黄鹏基、陈德荣、柯仲平、张申府、陈凝秋等,他们不但办刊物、出丛书、成立出版部,还开展狂飙演剧运动,在南京、太原等地进行公演。

1929年春,柯仲平由北平抵达上海,参加高长虹、向培良等人组织的狂飙社的活动。据楼适夷回忆:"仲平这一回又是从北方流浪到上海来的,正在整理他又一部大作品,五幕诗剧《风火山》。一叠一叠的稿子,全是用粗糙的黄土纸写成的,堆满在他的案头甚至地上。他对我讲自己在北方长途的流浪生活,在饥寒交迫的生活里,连买好一点稿纸的钱都没有,用这样一碰就破碎的土纸,写出了这部作品。"那时,柯仲平与楼适夷、殷夫、塞克、袁殊等住在狂飙社租下的亭子间里。记得有一回,楼适夷外出把钥匙放在屋里,回来时进不了自己的屋子,然而屋子后面的窗户是开着的,只要能上得了窗就可以拿到钥匙,但没有梯子。柯仲平知道后,找到晾衣服的竹竿,爬进窗户把楼适夷的钥匙找到,交给楼适夷开锁进门。

这一时期,柯仲平一方面继续从事诗歌创作,在《狂飙》周刊上发表一些政治抒情诗,另一方面在上海建设大学任教。是年冬，因宣传"赤化"，第二次被捕入狱，后经友人保释，得以出狱。

1930年3月，柯仲平任上海《红旗报》采访记者。4月，在上海工人纠察队总部及上海工会联合会任秘书，经潘汉年、陈为人介绍，加入中国共产党。年底，在布置纪念广州起义三周年大会会场时，又一次遭到逮捕，拘押在龙华警备司令部。翌年6月，转至苏州第二监狱。其后，一度被关押在苏州反省院。在反省院里，柯仲平受到狱警的疯狂折磨，患上风瘫病。有次在狱中的犯人会上，他拿起粉笔在黑板上写下"我就是柯仲平"六个大字，然后用洪亮的声音诵读《走上断头台》：

> 我是个共产党员，
> 今天，我在断头台上发宣言，
> 逼着我们上梁山，
> 梁山自有忠义在，
> 你要剿匪你请来，
> 好汉们不受招安。
> ……

狱警把他拖下讲台，对他加重处分，被反省院两次定为"无悔改诚意，留院继续反省"和"对共产主义信仰甚坚，再继续反省"的"顽固分子"。后经朱静涛和丁月秋等亲友多方营救,他于1934年8月出狱。出狱后,辗转南京、杭州,于1934年初抵达河南开封。在开封,他一面养病,一面在北仓女中任教。5月,写成短诗《酒不消愁还喝酒》,表达了诗人虽经挫折仍不气馁以及他对革命的执着精神。此诗不胫而走,很快便在北仓女中和开封的一些学生中传播开来。不久,他离开开封到北平,寄住香山养病。1935年离开北平东渡日本留学。

柯仲平到达日本后选择在东京一家私立汽车学校学习驾驶汽车。据当时同在日本的冯和法回忆:"我无意中说了一句:'平哥,你终日看书,是否也同我们出去玩玩?'他慢条斯理地说:'我很忙。'我不禁追问了一句:'你忙什么?'他喝了一口酒:'我在学开汽车。'这句话很出乎我的意料。我当时想,只有两种人学开汽车:一是有钱买汽车,二是去当司机,那么,学开汽车做什么呢?"他的回答使冯和法感到吃惊:"为了开坦克车!"原来柯仲平认为中日之间必定要爆发战争,坦克在战争中作用很大,开汽车同开坦克车在原理上是一样的,学会开汽车,将来开坦克车就容易得多。因此,尽管学习驾驶汽车的费用昂贵,他也在所不惜。

初到日本,为避免特务注意,他化名柯冬山,平时深居简出,从不参加中国学生的进步组织与活动。除学习驾驶汽车外,他还学习和研究马列主义论著,并集中在东京的云南籍留学生徐克、陈炤、谢祖佑、刘庆奎、李灿云、刘御等，组织成立"理践社"，对马克思、列宁的一些重要著作进行学习和讨论。据刘御在《回忆我与柯仲平同志相处的日子》里说："在老柯的倡议下，我们组成了一个秘密团体'理践社'。'理践社'这个名称也是老柯提出的。是取理论与实践相结合的意思。当'理践社'宣告成立的时候，我们还举行了一个小小的仪式——首先，全体肃立，大家的眼睛注视着从一本书的插页中找到的马克思像，然后由老柯带领大家举起握紧拳头的右手宣读誓词，他读一句，大家跟着读一句。"

　　1937年7月7日卢沟桥事变爆发。柯仲平出于对祖国的热忱，身赴国难，于8月避开日本侦探，由东京秘密回国，到达武汉。同年11月，奔赴革命圣地延安。

延安时期

　　1937年,柯仲平奔赴革命圣地延安,成为边区文协的负责人。由他担任团长的边区民众剧团,采用群众喜闻乐见的形式,取得了崭新的成就。这一时期,他的创作逐渐成熟,创作了《模范城壕村》《无敌民兵》等大型歌剧,成为延安时期公认的代表性歌剧作品。

战歌社

1937年11月,延河畔的宝塔山下,新来了一批为寻求抗日救国道理,冲破层层阻拦,奔赴革命圣地延安的文化人,其中就有当时闻名大江南北的狂飙诗人柯仲平。令他想不到的是,才到延安几天,中共中央的领导毛泽东就在他的窑洞里亲切接见他。毛泽东伸出双手紧紧握住柯仲平的手说:"我早就知道你了。"然后又问起柯仲平的经历。柯仲平叙述自己因为写诗坐牢,在日本、武汉被特务追捕的艰险。毛泽东听后感叹道:"你真不容易!现在终于回到家了,延安欢迎你,革命需要你。"然后充满期望地说:"海阔凭鱼跃,天高任鸟飞。今后你可以大显身手

抗战时期中共中央所在地——延安

了。"停了一下,他又以征求的口吻说:"恐怕今后你不能只写诗了,还要做点文艺的领导工作吧?"柯仲平说他从来没当过领导,怕做不好。毛泽东说,可以学嘛,关键是要放下知识分子的臭架子,到群众中去,拜他们为师,甘当群众的小学生,改造自己的世界观。毛泽东在谈话里还明确提出文艺应是抗战的、民族的、大众的。还说诗也可以上街,为大众服务,为抗战服务。毛泽东与他的谈话,对柯仲平在延安时期乃至新中国成立后的创作和活动产生了重要的影响。因此,他满怀激情地参加延安的抗战宣传和根据地文化建设活动,同时被任命为陕甘宁边区文化工作训练班班长。

12月,陕甘宁边区文化界救亡协会在延安成立,吴玉章任主任,丁玲、柯仲平任副主任,林山任秘书长。当时,陕北公学师生成立了一个业余从事诗歌朗诵创作活动的组织。作为边区文化协会的负责人,柯仲平积极支持他们,曾到该社专门谈论如何在边区开展诗歌朗诵的问题。同时,边区文协决定成立"战歌社",以指导和推动延安地区的诗歌大众化运动,柯仲平成为首任社长。据《柯仲平传》记载:"战歌社是抗战后延安成立比较早的一个诗歌结社组织。负责人是柯仲平同志。诗歌朗诵是那个时代的特点,用以鼓舞士气,号召人民起来进行抗战。柯老在延安的诗朗诵是很有名气的。"在柯仲平的主持下,战歌社活动频繁,几乎每周都举行一次诗歌朗诵会,为活跃边区文化生活和开展新诗的研究及普及活动起到了良好的作用。由于战歌社的影响，边区不少单位都成立"战歌分社"或小组。

1938年1月1日，柯仲平由战歌社推荐，以诗歌朗诵作为节目，参加陕北公学举办的庆祝新年文艺晚会。由于初次尝试，经验不足，朗诵比较单调，到晚会结束时，观众已剩下不到一半。毛泽东观看了这次朗诵，他一直坐到晚会结束，还给许多朗诵者鼓掌打气，热情支持。此次晚会结束后，柯仲平在战歌社的研究总结会上，进行了严厉的自我批评。对于这次活动的不足，沙可夫曾指出："这次柯仲平同志的朗诵虽有缺点，却有极大的意义。他将是有功于这种舞台艺术的开拓者，而且是他最好的果实的收获者。"

当时，战歌社的成员有林山、高士其、刘御、高敏夫、魏巍、朱子奇、胡征等，大约三十多位。据胡征回忆："我当时在抗大刚由预科（第三期三大队）转到本科（第四期四大队）。魏巍、侯亢、朱子奇等，都是本科同学。我和李雷、王荣是在预科的同学。李雷成名比较早，三十年代后期就已经有点名气。我们当时年纪轻，都是二十岁左右的小伙，对文艺，特别是对诗歌的创作与活动，热情很高。"这些年轻的诗歌爱好者和写作者在边区文协的领导和柯仲平的主持下，积极开展诗歌大众化的研究、创作与朗诵活动。此外，延安抗大还成立战歌社抗大分社，出刊诗歌壁报——《战歌》，为战歌社成员提供发表诗歌的园地。

8月，柯仲平积极响应党的文艺大众化的号召，以边区文协战歌社和西北战地服务团战地社的名义，与诗人田间、林山、邵子南、高敏夫、史轮等，于8月7日共同发起延安街头诗运动。8月15日，延安《新中华报》转载战歌社和战地社联合发出的《街头诗运动宣言》。宣言指出："在今天，因为抗战的需要，同时因为大城市已失去好几个，印刷、纸张更困难了，我们展开这一大众街头诗歌（包括墙头诗）的运动，不用说，目的不但在利用诗歌作战斗的武器，同时也就是要使诗歌走到真正的大众化的道路上去；不但要有知识的人参加抗战的大众诗歌运动，更要引起大众中的'无名氏'也多多起来参加这个运动。"当天，在延安街头的不少地方都贴写着街头诗。他们还悬挂起几幅宽大的红布横额，上面除贴写街头诗外，还醒目的挂着一条写有"街头诗运动日"的横额。这次活动的准备时间虽然不长，但几天内就收到三十多位作者的一百多首诗。柯仲平著名的街头诗《保护我们的利益》和《告同志》，就是在这个运动中发表的。在《保护我们的利益》中，他写到：

> 我家三代是雇工，
> 你家三代是佃农；
> 你我都在延水边长大，
> 你也穷来我也穷。
> 说开荒，我们开过几千几万垧，

论耕种，我们手下出过几千万石粮；
无奈那时粮不在我手上！
地不在你手上！
……
劝他不要算旧账的好，
如今应该大家一同去抗日；
他不抗日偏要来讨糊涂债，
我们一定叫他滚出去！滚出去！

在这首诗中，诗人深刻地描写农民反对地主阶级的剥削和压迫，说"你看那土豪何等无理，他强迫我们交还土地"，"请问我们几代人为你家种地，你家白吃了我们多少石粮食"。诗句语言朴实，生动活泼，写得义正辞严，爱憎分明，以不一样的方式打击了封建地主的嚣张气焰，长了革命大众的斗争志气。这首诗不仅在陕甘宁边区得到民众的传诵，还被抗战文艺工作团带到抗日敌后地区，在老百姓中间广泛传诵。

柯仲平在做好边区文协领导工作的同时，坚持进行创作实践。据当时刚到延安安排在边区文协工作的作家周而复回忆："柯仲平同志是延安战歌社社长，他几乎天天写诗，夜里写，白天也写。为了避免客人的打扰，他要人把门反锁了。不速之客看到门上的锁，悻悻地走了。"在此期间，他创作完成长篇叙事诗《边区自卫军》，连载在延安出版的《解放》周刊第41期和第42期上。这首诗是延安地区诗坛上最早出现描写农民斗争的长诗，在当时文艺界引起很大的轰动。可以说，正是由于柯仲平的提倡、鼓励和创作，在当时极其浓厚的政治气氛和艰苦的历史环境中，战歌社陶冶、培养一大批诗人，他们在中国新诗的发展史上，起到过积极的作用。如当时在延安的诗人田间，被西南联大中文系闻一多教授誉为"时代的鼓手"，对他的诗的节奏和民族情绪给予较高的评价；胡风称他为农民的孩子和田野的孩子，"是第一个抛弃了知识分子的灵魂的战争诗人和民众诗人"。田间在延安创作的《假如我们不去打战》《义勇军》《鞋子》《多一些》等作品，在当时都发挥了积极而独特的战斗作用，影响甚广。

边区民众剧团

1938年5月，毛泽东在陕甘宁边区工人代表大会组织的戏曲晚会上，观看京剧《二进宫》，秦腔《升官图》《五典坡》等戏，在节目间隙，毛泽东以其无产阶级革命家的胸怀和敏锐的洞察力询问边区工会的负责人齐华："你看百姓来得这么多，老年人穿着新衣服，女青年搽粉戴花的，男女老少把剧场挤得满满的，群众非常欢迎这种形式。群众喜欢的形式我们应该搞，就是内容太旧了，应该有新的革命的内容。"齐华指着坐在毛主席身后的柯仲平说："文协的老柯在这里。"毛主席转过身对柯仲平说:"你说我们是不是应该搞?"柯仲平回答:"应该,应该。"毛主席说:"要搞这种群众喜闻乐见的中国气派的形式。"晚会结束后,柯仲平立即找到齐华商量,如何遵照毛主席的指示做好这件事情。

当时,对于用什么样的形式进行组织,人员从哪里来,经费又从哪里来,一系列的问题都摆在柯仲平的面前,他又抽出时间找齐华商量。齐华给予大力支持,介绍他到延安市商会去寻找活动经费;同时,齐华还给他找到住房,成立"民众娱乐改进会",发表了宣言。柯仲平在宣言中指出:"我们相信,正在新生着的中国民族的力量、强大的内容,是可以利用可以征服一切旧的新的各种形式的。我们还相信,我们不但能学会利用自己民族的文化遗产,并且也能学会利用资本主义国家的技术,学会吸收社会主义国家的经验教训。"改进会的任务,就是用群众喜闻乐见的戏曲、民歌等形式为革命服务。参加该会的成员有吕骥、李丽莲、刘白羽、林山、张季纯、马健翎、柳青等。

7月4日,"民众娱乐改进会"的两个业余剧团:"乡土剧团"和"群众业余剧团"在延安火神庙大戏台演出反映抗日斗争的现代剧,演出的剧目有戏剧家马健翎创作的《一条路》和张季纯创作的《回关东》。据柯仲平说:"演出后,群众很受感动。那天演出《一条路》是很成功的,轰动了延安市。这时,娱乐改进会的旗帜就打出来了。"此后,柯仲平将属于延安师范的"乡土剧团"和延安市的"群众业余剧团"合并,与延安市秦腔业余剧团的部分市民、小手工业者联合,成立了陕甘宁边区民众剧团。

剧团成立后,柯仲平亲自担任团长。但是,剧团成立面临的困难很多,一是经费不足,二是缺乏骨干人才。为解决这些问题,柯仲平四处奔走,呼吁各方面给予积极支持,毛泽东得知剧团的实际情况,带头捐赠300元;贺龙捐赠法币20元,还把从日本侵略者手中缴获的战利品托人从前线捎回,作为剧团的演出道具。周恩来、博古从重庆回来,每人给剧团捐赠法币50元。后来,张鼎臣、陈云也都给剧团捐赠了许多战利品作为道具。柯仲平也把长篇叙事诗《边区自卫军》所得的全部稿费拿出来,解决剧团演员冬季棉衣的问题。

同时,为了给剧团招揽骨干人才,他四处查访,请来能编、能导、能拉、能吹的马健翎,据王琳说:"此人是陕西米脂人……现在他在国民党所办的延安师范教书,并在该校成立起一个乡土剧团,专演陕西人喜闻乐见的秦腔等。马健翎可是个多面手,吹拉弹唱全会不说,

马健翎(1907—1965年)(陕西戏曲研究院网)

还能导演，更会写剧本。他的剧本，情节生动，戏剧性强。"起初，马健翎不愿意到剧团来，柯仲平屡次登门劝说，他才答应到剧团，柯仲平任用他为剧务主任；又招聘民间老艺人张云、李卜等，作为剧团的骨干力量。在解决经费、人才两大难题后，柯仲平便深入乡间，调查访问，准备撰写歌剧和诗剧，为民众剧团演出做准备。

1939年1月，柯仲平率领民众剧团在陕西延长县刘坪店演出。他结合在边区的实践经验和体会，写了《民众剧团歌》，提出了民众剧团的战斗任务、剧团成员自身的进步与广大群众的关系等问题。他在歌词中写道：

你从哪达来？
从老百姓中来。
你又要往哪达去？
到老百姓中去。
我们是来学习老百姓的宝贵经验，
你看老百姓已经活了几千年，几万年。
我们是来动员老百姓抗战生产，
你看老百姓的力量深无底、大无边。
我们是来吃老百姓的奶，
我们是来为老百姓开垦荒山。
在民主的边区，
我们自由地走去走来，

> 我们要叫胜利花开遍，
> 花开遍，在荒山！

如此通俗明了的话语，但其中却蕴含着极其深刻的道理——文艺为什么人服务和怎样服务的根本问题。团歌所阐发的正确主张，不仅仅成为民众剧团的宗旨，而且为毛泽东在延安召开的文艺座谈会所肯定。正如评论家胡采回忆他当年聆听《在延安文艺座谈会上的讲话》时的情况所说的："毛主席总结、研究、吸取了多方面的经验教训、情况和问题，其中也包括民众剧团的经验在内，发表了闪耀着马克思主义思想的《在延安文艺座谈会上的讲话》。"林默涵在《柯仲平与民众剧团》中也强调："柯仲平同志和民众剧团的艺术实践，也对毛主席的文艺思想和理论的形成，提供了重要素材。"

2月13日，边区民众剧团首次从延安出发，途经延长、延川、安定、子长、定边、盐池、靖边、志丹等三十余处演出，步行跋涉二千五百里，到6月6日才回到延安。《新中华报》称赞剧团这次下乡演出是"小长征"。这次下乡之后，剧团在柯仲平和马健翎的带领下，长期坚持下乡，深入基层生活，热情为老百姓和八路军指战员演出。他们走遍陕甘宁边区的23个县，行程数万华里，以极大的政治热情，创作排演了大量的现代戏，如《好男儿》《一条路》《拿台刘》《查路条》《干到底》《三岔口》《两亲家》等。这些戏有揭露国民党反共反人民丑恶本质的《抓破脸》，有配合边区大生产运动的《大家欢喜》《十二把镰刀》等。民众剧团演出的新的现代戏曲，剧中描写的都是工人、农民、八路军指战员、进步知识分子等劳动人民。如义勇军战士郑二虎、老农妇刘姥姥、地下党员知识分子唐俊峰、抗日游击队长吴刚、青年铁匠王二等。这些新型人物成为戏曲舞台的主人，推动着戏曲情节的发展变化，一改传统旧剧帝王将相、才子佳人主导的局面。可以说，柯仲平带领边区民众剧团的演职员，以超常的胆识丢掉全部旧有的封建内容和部分传统旧形式为代价，采用群众喜闻乐见的形式，对秦腔进行了大胆的改革实验，取得了崭新的成就。因此，陕甘宁边区领导和毛泽东曾多次观看他们的演出，给予高度评价。毛泽东在看过《中国的拳头》后，亲笔题写"简单、明了、动人"六个字。马健翎创作的话剧《国魂》，内容写的是一位共产党员知识分子通过党的地下组织打入日军内部进行抗日的故事，用方言排演，第一次为抗日军政大学师生试演，毛泽东也来看戏，随即接见马健翎说："你这戏写得很成功，很好，如果把它改为秦腔，作用就更大了。"马健翎听后就将它改成秦腔，演出时毛主席又看了，群众异常激动，毛主席也拍手称好。几天后，毛泽东给柯仲平写信："请你转告马健翎同志，应当把这个戏的名字由《国魂》改为《中国魂》。"名称虽是一字之改，却是画龙点睛之笔，更加突出爱国主义的主题思想。后来，这个戏以《中国魂》为名，流传到各个抗日革命根据地，新中

《血泪仇》片段

国成立后还在西安、延安等地演出，反响强烈。

随着边区民众剧团的创作和演出日益成熟，表现感染力不断增强，原来主要是演出小型的剧目逐渐向大型的现代剧转变，在政治上产生了积极的力量，起到团结人民、教育人民、打击敌人、消灭敌人的作用。特别是《保卫和平》《血泪仇》《穷人恨》等大型剧目的上演，在社会上产生了强烈的政治影响，成为发动群众、鼓舞战士、教育新兵的"活教材"，被誉为"人民的剧团"。据作家周而复回忆："他们出去一段时间，回到延安，柯仲平同志经常到边区文协来，有时招待边区文协同志去看他们演出的秦腔和秧歌。我们看过马健翎同志编剧的《血泪仇》和《十二把镰刀》，用秦腔眉户这样的民族形式，表现了革命内容，到边区各地巡回演出，受到广大群众普遍的热烈欢迎。"《解放日报》曾发表题为《民众剧团下乡八年》的文章称:"抗战八年,下乡最多的是民众剧团,平均每8天有3天在乡间,共走了全边区31个县、市中的23个县,190余市镇、村庄,演出14750场戏,平均2天演一场,观众达到260万人次以上。创作剧本45个,改编15个。"最为重要的是,民众剧团按照毛泽东"要创造'新秦腔'"的指示,在继承传统的基础上,开拓出了戏曲现代戏这种新样式。在1942年5月召开的延安文艺座谈会上,毛泽东听取了柯仲平关于民众剧团的实践汇报。柯仲平发言时说:"民众剧团每到一地演出,群众总是恋恋不舍地把剧团送得很远,还送给我们很多慰劳品。要找我们剧团,他们只要顺着有鸡蛋壳、花生皮、红枣、核桃的道路走,就可以找到。"毛泽东笑了笑诙谐地说:"你们如果老是《小放牛》,就没有鸡蛋吃了。"这件事后来写进《在延安文艺座谈会上的讲话》里。

1943年秋,毛泽东邀请柯仲平、杨醉乡、马健翎到枣园自己的窑洞。他说:"请来'三贤',有二位'美髯公',一位'佘太君'。你们是苏区的文艺先驱,一个抗战剧团,一个民众剧团,好像两个深受群众欢迎的播种队,走到哪里就将抗日的种子撒播在哪里。"对于民众剧团,毛泽东又指出:"云南诗人柯仲平真有股犟劲,你们民众剧团比抗战剧团成立晚几年,但也是在创作力量和物质条件极差的情况下诞生的,一个时期,靠种田做工写剧本,走大众化的道路,深入根据地,大写根据地,连续创作和演出了《一条路》《查路条》《好男儿》等剧目。每到一地，一演就到天亮。这很好，既是大众性的，又是艺术性的，体现了中国气派和中国作风。"由此可见，毛泽东对民众剧团从诞生到成长、从剧目编排到演出、从生活条件到工作环境、从创作方法到艺术道路所做的概括和评价，是给予充分肯定的。1944年，在中共中央西北局文委主持召开的戏剧评奖会上，边区民众剧团获得"特等模范"。这个奖励既是对民众剧团工作的鼓励，也是对为边区民众剧团成长、壮大和发展付出全部心血的柯仲平的最高褒奖。

延安的创作和生活

1939年2月10日，中华戏剧界抗敌协会陕甘宁边区分会在陕北公学大礼堂举行盛大的成立大会。到会的戏剧团体有边区民众剧团、烽火剧团、抗大文工团、陕公剧团、民众娱乐改进会、鲁艺戏剧系、鲁艺实验剧团等。柯仲平担任大会主席，报告了成立大会的目的和意义，会后选举产生组织领导机构，柯仲平与潘汉年、李伯钊、张庚、王震之、周扬、丁玲、马健翎等35人当选为理事，柯仲平等15位任执行委员会委员。5月14日，陕甘宁边区文艺界抗敌联合会为与中华全国文艺界抗敌协会取得联系，于当天下午两点在文协召开大会，决定将该会名称改为中华全国文艺界抗敌协会延安分会，选举产生新的组织领导机构。艾思奇任主任，丁玲、柯仲平任副主任，雷加任秘书长。

6月18日,延安文艺界在中央大礼堂召开纪念高尔基逝世三周年晚会,在延安的文化团体和群众千余人参加。在晚会上,艾思奇致开幕辞,萧三报告高尔基生平创作和他对中国人民的友谊。当晚,柯仲平还朗诵了高尔基的散文诗《海燕》。这段时期,柯仲平还写成论文《介绍〈查路条〉并论创造新的民族歌剧》,这篇论文发表于《文艺突击》第1卷第2期。在文中,他指出:"在今天,利用旧形式,即是创造新的民族形式的最初的过程。这一过程是非常重要的。有利则用,无利不用,这已经包含着充分的选择性、创造性了。利用结果的优劣,这不是利用本身上的问题,而是每个艺术家的认识上的问题、能力上的问题。"对内容与形式等问题进行分析,进一步探讨歌剧走中国化、大众化的理论与实践。

同年秋,柯仲平创作短诗《延安与中国青年》,发表在同年10月延安出版的《中国青年》第1卷第10期。据说,这首诗他曾在不同的场合进行过朗诵,产生过较好的影响。在诗里,他歌颂进步青年的革命热情,但是他不是单纯地鼓励他们满足于这种热情,而是引导这种热情去与群众结合,向工农出身的老干部学习、看齐:

> 我们青年的热情,
> 好比流不尽的水,
> 留连,留连,

夜深了，还在延水边留连。

忽见中央机关那一面，
还有星星大的灯光三五点，
那分明是老干部还在窑洞里埋头苦干；
才又警觉到战斗的明天。

这是柯仲平真情实感的流露，诗人希望用《延安与中国青年》去正确地引导青年成长。对于这首诗，胡采评论认为："当大批大批的蒋管区青年投奔延安，在广大青年中已经形成'延安热'时，他写了《延安与中国青年》这首诗，把延安这盏灯高高地举起，以照亮中国青年的前进道路。"1956年这首诗被选入《中国新诗选》；1959年被教育部编选入中学教材《文学》课本。

11月，他在《文艺战线》第1卷第5期上发表《论文艺上的中国民族形式》一文。他认为，在创造文艺上的新的民族形式时，"既不能把中国那些较优秀的旧的和半新半旧的形式除外，也不能把外来的、优秀可用的形式除外，更不能把抗战时期才产生的某些从未见过的新形式的萌芽除外。而且还要把以上的这些形式上的特点融化了，创造出使这一时代的新内容能得到充分表现的新形式"，正确地说明了新的民族形式的创造和内容与形式的关系，成为当时参与"民族形式"问题讨论的代表性论文之一。

1940年1月4日至12日，陕甘宁边区文化协会在延安中国女子大学大礼堂召开第一次代表大会，吴玉章首先致开幕辞，毛泽东到会做了题为《新民主主义的政治与新民主主义的文化》（即《新民主主义论》）的报告。毛泽东还为大会题词："为建立中华民族的新文化而斗争！""鲁迅的方向就是中华民族新文化的方向！"作为大会主席团成员之一，柯仲平就边区民众剧团的活动情况向大会做汇报发言。在这次会上，他还被选为文协执委会成员。据诗人朱子奇说："陕甘宁边区文代会在延安中国女子大学半山腰的一个礼堂举行。诗人当着王明的面，将了他的军。他说，为响应党中央关于'文化下乡'的号召，剧团要行动，但缺钱缺道具，先去找王明同志，碰了钉子，没有结果，然后去找毛主席，一下给了三百块光洋……但是王明当时还是个大人物，敢在大会上公开批评他，是要有很大勇气的。同志们很佩服柯仲平同志的革命品格与胆识。"对柯仲平参加这次会议，与王明的交锋进行了回顾。

10月19日，从中共重庆办事处来到陕甘宁边区参加革命的云南石屏籍姑娘王琳来到延安，对延安的生活充满向往和渴望。对于这个云南姑娘与柯仲平的交往，据王琳说，有天她与柯仲平在高长虹居住的窑洞里偶然相遇，此后双方多次交流，逐渐确定关系，在次年结为革命伴侣。

12月8日，延安"新诗歌会"在文化俱乐部召开成立大会，到会者五十余人。先由海稜报告"新诗歌会"的筹备经过，再请著名诗人萧三讲话，会议最后选举柯仲平、萧三、乔木、何其芳、天兰、李雷、公木、海稜、刘御、罗夫、郭小川等11人为该会执行委员。

同年，柯仲平在随民众剧团下乡演出过程中，创作了短诗《打肩》《开盐田》《留守兵团开发三边盐田歌》等作品，其中《盐田歌》还被著名音乐家马可谱成歌曲，在边区广泛传唱。

1941年1月4日，中华全国文艺界抗敌协会延安分会举行年会，欢迎由前方转来的李伯钊、下乡归来的柯仲平和由大后方来到延安的黑丁、曾克、陈学昭等。当晚，文化俱乐部举办诗歌晚会，深受感动的柯仲平在晚会上为大家朗诵诗歌，他慷慨激昂的朗诵给人们留下深刻的印象。

2月，老剧作家洪深一家三口在重庆服毒自杀，经抢救脱险，洪深在遗书里写到："一切都无办法，政治、事业、家庭、经济如此艰难，不如且归去。"听到洪深在亲日派、投降活动嚣张的国统区"愤不欲生"的不幸遭遇，柯仲平与延安文艺界31人联合签名，发电慰问洪深，并"邃金五百，以寄同情"，表达延安文艺界对贫病作家的支持。

6月，柯仲平在《解放日报》发表短诗《人类宣言——为消灭野兽法西斯而战》。他在诗中说："不独立，宁玉碎，不瓦全！""愿为自由和光荣，流尽最后一滴血。""人的生存和独立神圣不可侵犯！"对法西斯国家的侵略和兽行表示愤慨，鼓动中国军民为自由和独立而战。在文艺界抗敌协会的刊物《文艺月报》第6期上，公布了延安"星期文艺学园"聘请的报告讲师名单，柯仲平与丁玲、周立波、白朗、艾思奇、周扬、周文等24人列为报告讲师。其中，柯仲平报告的题目是《狂飙社的历史》。

11月初，柯仲平与诗人艾青、萧三等召开"延安诗会"筹备座谈会，会议决定响应重庆援苏签名运动的来电，由著名诗人艾青起草宣言，柯仲平起草对边区二届会议的贺电。12月11日，"延安诗会"成立大会在延安文化俱乐部召开，到会的有延安的新老诗人五十余位。艾青在会上报告诗会的筹备过程，柯仲平、萧三、何其芳、高长虹等发表热情洋溢的讲话，大会选举艾青、柯仲平、萧三、何其芳、艾思奇、高兰、高长虹7人为延安诗会的首任理事。

1942年1月29日，边区文协第二届理事会召开，研究筹备边区第三次文代会事宜，柯仲平作为筹委会委员。2月9日，筹委会举行第一次会议，推选柯仲平为筹委会主任，张寒晖为秘书长。3月5日，陕甘宁边区文委成立，决定在延安成立边区地方艺术学校，以原来的抗战剧团为基础，招收各地艺术干部，进行为期两年的专门训练，然后回到地方，组织开展群众艺术活动，柯仲平兼任该校校长、张季纯任副校长。

5月1日，柯仲平出席延安文艺界追悼女作家萧红大会。同月，他出席中共中央在延安召开的文艺座谈会，亲自聆听毛泽东、朱德等领导同志的讲话。5月8日，在进行大会讨论时，他针对当时有的人忽视大众化文艺的倾向，结合自己率领边区民众剧团到各地受到欢迎的体会，做了《关于文艺大众化问题》的专题发言。文艺座谈会后，边区文委成员柯仲平、萧三、塞克、罗烽等，就如何进一步贯彻落实毛泽东《讲话》精神，专门召开一次戏剧座谈会。在会上，对戏剧创作、普及和提高，深入生活和加强文艺工作者的团结等问题，进行了比较认真的深入学习和讨论。

1943年3月22日，中央文委确定戏剧运动的方针——"为战争、为生产教育服务"，并成立戏剧工作委员会，由周扬、柯仲平分别任正、副主任。4月24日，柯仲平在《解放日报》上发表短文《平剧工作者应该欢迎批评》，提出平剧工作者应该多检查自己的工作，一切活动都要围绕着"为工农兵，为战争，为生产，为教育的胜利"的宗旨。

11月27日，中共西北局宣传部召开会议，欢送延安各剧团下乡工作。会上，柯仲平代表下乡剧团发言，要求大家"尽量想法接近群众"，做到不动群众一草一木，对群众态度不要轻佻，等等。这次下乡，他率领西北文艺工作团到陇东演出。为尽快解决新剧目上演的问题，他先期到达陇东专署所在地——庆阳。等宣传队伍沿甘泉、直罗镇、葫芦河、大凤川一边行军一边演出，到达庆阳时，他创作完成大型歌剧《孙万福回来了》，并很快被搬上艺术舞台。此后,他的大型歌剧《模范城壕村》《无敌民兵》相继完成,成为延安时期公认的代表性歌剧作品,对鼓舞士气和弘扬斗志发挥重要的作用。

1944年4月28日,柯仲平参加西北局文委召开的延安各剧团下乡宣传经验总结座谈会,柯仲平、张庚、吴雪等在会上汇报了他们率领剧团下乡演出的感受和体会。5月2日,会议委托周扬、柯仲平、赵伯平等负责组织力量,研究边区戏剧运动,以便更好地指导戏剧的创作与演出工作。这次会议还评选出优秀剧目和秧歌创作31个,决定给予表彰和奖励。其中,马建翎创作的秦腔现代剧《血泪仇》和柯仲平创作的大型歌剧《模范城壕村》获得剧目一等奖。

1945年10月13日,人民音乐家冼星海逝世,得悉噩耗,柯仲平立即创作《悼星海》,他说:

星海!星海!
你那熔炉中的火,
还在燃烧着;
你那铁砧上的钢,
红的还像火。
……
你已经不能不停止工作——你铸剑的工作!
我们也已经不能不为你唱一曲哀歌,
不能不加紧完成你的工作!

在诗中，诗人表达了他对这位人民音乐家的深切怀念，同时决心继续完成音乐家未竟的事业。

1946年8月10日，柯仲平以边区文协暨全国文协延安分会负责人的身份，就国民政府军队轰炸延安向《解放日报》记者发表谈话。他说："延

冼星海

安不仅是民主中国的中心，不仅是对抗战有大功的八路军的总部所在地，而且也是新民主主义文化的中心。蒋机轰炸延安，和蒋介石特务暗杀李、闻等先生一样，不仅是对全国和平民主运动的挑战，而且也是对全国进步文化的挑战。我们号召全国文化界朋友们一致起来迎接反动派的挑战，再接再厉，为反对内战、反对法西斯派恐怖，保卫和平、民主、文化而奋斗到底！"为此，他号召边区文化工作者努力写作秧歌剧、唱本、歌曲、通讯、小说、诗歌等作品，来揭露反动派的罪恶，鼓舞人民的胜利信心。

10月1日，柯仲平将15场大型歌剧《无敌民兵》修改定稿，于10月24日至11月19日，在《解放日报》上分22次

连载。1949年8月，西北新华书店初版；1949年10月，编入"中国人民文艺丛书"，由上海新华书店再版。这部歌剧是为响应"动员起来，保卫边区"的号召而创作的。歌剧以陕甘宁边区陇东边区民兵对敌斗争的真实故事为素材，深刻地揭露国民党破坏停战协定、制造事端、挑起内战的罪恶行径，表现民兵游击小组劳动武装相结合、保卫边区的英勇故事。歌剧中的几个主要人物，如游击小组组长王登高、组员及王登高的父亲、妻子等形象都较为鲜明、生动，给人留下深刻印象。

1947年初，由于国共和谈完全破裂，国民党把对解放区的全面进攻改为向陕北、山东两翼的重点进攻。3月18日，中共中央主动撤出延安。柯仲平被派到镇川堡进行土地改革。中共中央撤出延安，胡宗南的部队逼近镇川堡，柯仲平等奉命撤退。在寻找主力部队的过程中，他创作《诉苦清算歌》《杀贼去》等短诗。借以激发穷苦百姓对地主的仇恨，打倒地主阶级的剥削压迫，去迎接革命的胜利。当时，46岁的柯仲平在找到主力部队之后，他谢绝组织上的照顾，坚决要求随军参加战斗。他的要求被组织批准，跟随部队攻打波罗镇。同年夏，柯仲平到中共中央的所在地——河北平山县西柏坡村参加"土地会议"，被留在华北局主持编辑"中国人民文艺丛书"，收录解放区的优秀文艺作品。

1948年2月，柯仲平参加晋察冀中央局工作人员组成的秧歌队，在胭脂河畔创作《胜利的秧歌》，随队演唱。11月，经晋西南于年底回到延安。在回延安途中，他先从河北到晋绥，再乘坐贺龙的汽车，与贺龙同行。当时因召开党代会，柯仲平又随贺龙去找李井泉。为此，他在和林格尔写下《贺龙远道会战友》以记其事：

> 为赶和林会战友，
> 情不自禁车不休。
> 路过将军百战地，
> 流泉朗朗颂千秋；
> 西风屡屡来问候，
> 管涔山脉几度留。
> ……

编选"中国人民文艺丛书"

1948年初，国、共双方实力对比发生显著变化，中共逐渐取得政治、军事上的绝对优势，为了展示毛泽东《在延安文艺座谈会上的讲话》发表以来解放区取得的文艺创作实绩，在全国范围内推广解放区文艺，传播新思想、新生活。1948年春夏之交，在时任华北局宣传部长周扬的领导下，由柯仲平、陈涌负责具体收集解放区历年来，特别是1942年《在延安文艺座谈会上的讲话》发表以来，各种优秀的文艺作品，包括戏剧、小说、通讯报告、诗歌、曲艺等各类文学体裁，编选出版"中国人民文艺丛书"。

1949年5月，"中国人民文艺丛书"由新华书店出版，发行了第一批图书52种，编辑者署名"中国人民文艺丛书社"。据6月29日《人民日报》报道："经过郑重编选的'中国人民文艺丛书'，已由新华书店出版，第一批出版计有：小说15种（高干大、原动力、李家庄的变迁、李有才板话、无敌三勇士、红双旗、桑干河上、地雷阵、晴天、一个女人翻身的故事、地覆天翻记、老赵下乡、吕梁英雄传、种谷记、暴风骤雨），剧本18种（三打祝家庄……白毛女），诗歌5种（佃户林、王贵与李香香、赶车传、东方红、圈套），小型歌剧5种（兄妹开荒、王克勤班、宝山参军、货郎担、牛永贵挂彩），说书词2种（刘巧团圆、晋察冀的小姑娘），通讯报道7种（没有信的炸弹、解救、英雄沟、英雄的十月、飞兵在沂蒙山上、光明照耀着沈阳、诺尔曼·白求恩片断）。"同年10月，新华书店又增补2种：《无敌民兵》和《红旗歌》，其中，《无敌民兵》的作者正是柯仲平。1950年，该丛书又新增10种。1950年3月，人民文学出版社成立，"中国人民文艺丛书"纳入该社重新出版，从1951年初至1954年底，人民文学出版社又重版了20余种。该套丛书中的《白毛女》《太阳照在桑干河上》和《暴风骤雨》还曾分别获得1951年度斯大林文学奖金二等奖和三等奖。

据参与编选这套丛书的编辑陈涌回忆，早在解放战争初期，毛泽东就曾对周扬做出指示：要把解放区的文艺作品挑选一下，编成一套丛书，准备全国解放后拿到大城市出版。作为该套丛书的主持者，周扬自始至终对编选工作高度重视；同样，对负责具体编选工作的柯仲平来说，他不但审阅了全部书稿，而且提出了修改完善的各种意见。对于当时的工作，康濯回忆说："当时周扬同志正主持编辑《讲话》发表后解放区文艺创作选集[人民文艺丛书]，具体负责的是柯仲平同志，参加的有陈涌同志。这年5月，我也被分配去了。我们住在紧挨河北平山县的井陉县一个村子里，整天看稿。只不过每天午饭后，柯老——这是我们对柯仲平同志的称呼，他当时留着大胡子，其实年龄才四十五六岁——总要带我们涉过村边小河的水，到对岸树林里去午睡，然后起来下河洗澡洗衣服，到沙滩上晒太阳，再去树荫下看稿。"经过编辑们近一年的共同努力，"中国人民文艺丛书"的编选基本结束。

1949年3月22日，柯仲平到北平参加全国文代会筹备委员会，被推举为筹备委员会委员。7月2日，他出席全国文学艺术工作者第一次代表会议，被选为大会主席团成员和大会常务主席团成员。7月9日，柯仲平向大会做了题为《把我们的文艺工作提高一步》的发言。他指出："延安文艺座谈会以前，陕甘宁边区也曾在毛主席的启示下，利用西北地方戏秦腔、眉户及民歌等形式，为着根据地人民服务的文艺活动。但整个为群众的文艺运动，是在文艺座谈会以后才形成的。"在发言中，他以新近出版的"中国人民文艺丛书"为例，分析解放区文学出现的新形式、新内容以及今后需要努力的方向,"用马列主义、毛泽东思想的立场、观点、方法,指导我们学习社会、实践,并运用'在普及基础上提高,在提高指导下普及'的为群众的创作方法,来实现我们的创作,发展我们的文艺运动,这就是我们的无产阶级现实主义"。值得注意的是,来自全国各地的代表们集聚北平参加全国第一届文代会,每位艺术家都收到一份礼物——"中国人民文艺丛书",以供学习。

7月19日,大会胜利闭幕,中华全国文学艺术工作者协会成立,柯仲平当选为全国文协副主席。

新中国成立

新中国成立后,柯仲平以极大的热情创作和出版《从延安到北京》《边区自卫军》等作品,积极投身长诗《刘志丹》的创作。1950年,他回到西安,担负起领导西北文艺界的工作,除积极参加大量的社会活动外,还写下不少极富感染力的短诗。

新中国成立的欢欣

1949年10月1日,北京天安门广场举行盛大的开国大典,在隆隆的礼炮声中,中央人民政府主席毛泽东庄严宣告中华人民共和国成立,并亲自升起第一面五星红旗。从此,一个历经磨难的民族赢得伟大的胜利!从此,一个屡遭欺负的民族走向新生!此时此刻,参与开国大典的柯仲平和他的夫人王琳异常激动。这时,激情的诗人心潮澎湃,难以抑制住内心的奔突。为庆祝中华人民共和国成立,他创作了短诗《高举我们的五星红旗》:

> 看我们的五星红旗多么红,
> 她和人民英雄们的热血一样红,
> 来!高举着我们的五星红旗,
> 行动!
> 永远跟着我们伟大的人民领袖毛泽东一致行动!
>
> 看我们的五星红旗多么红,
> 她和我们锻炼着的钢铁一样红;
> 来!高举着我们的五星红旗,
> 行动!
> 永远跟着我们伟大的人民领袖毛泽东一致行动!

看我们的五星红旗多么红,
她和世界人民的心肝一样红;
来!联合着世界人民弟兄,
行动!
永远跟着我们伟大的人民领袖毛泽东一致行动!

在作品里,诗人对象征祖国的五星红旗充满感情,认为"和人民英雄们的热血一样红""和我们锻炼着的钢铁一样红""和世界人民的心肝一样红",每个人都要跟着人民领袖,一起为祖国的繁荣富强行动。对于新中国的成立,他感到喜悦和激动,因为在实现民族独立的过程中,他历经牢狱、流亡、追捕、病痛,他格外珍惜这来之不易的胜利,又写出《我们的快马》,表达对革命胜利的喜悦。

11月,时任西南军政委员会主席的贺龙委托西南办事处在北京颐和园为柯仲平夫妇找到个地方暂住。据李建彤回忆:"柯老和王琳同志在北京的颐和园写作,我和老伴同去看望他们,久别重逢,格外亲热,他们做鲜鱼给我们吃,我不住地夸奖王琳同志的好手艺。吃完饭,又去游园,那正是严冬,园中百花凋谢,湖水结冰,只剩下松柏和蜡梅,伴着那古老的建筑,游人几乎不见,只有我们四个人,山上山下地到处散步。"在这里,柯仲平着手编选短诗集《从延安到北京》和长诗集《边区自卫军》(内含《平汉铁路工人破坏大队》)。《从延安到北京》是作者从1937年11月到1949年10月期间的创作,共22首诗歌。这是本经过精心编选的诗集,在《〈从延安到北京〉小序》里,他写到:"延安到北京,十几年的革命路程;革命的队伍,走一步,踏下深深的一个印。"在这本诗集里,有柯仲平参加土改时,为发动农民诉苦清算写的《诉苦清算歌》,有歌颂工人劳动时的《创造工业国,工人敢保险》,有在前线战斗动员时,为部队战士朗诵的《保卫毛主席》,以及作者赞颂革命将领贺龙、王震和哀悼艺术家张寒晖、闻一多等的诗篇。对于这本诗集,著名艺术家沙驼铃对其进行总结时认为:"柯老的诗,最重要的特点是强烈的政治气质,中国民族的气魄;大众的风格,大众的语言。他的诗,没有陈词滥调,没有泛泛的说教,政治术语或口号,变成了艺术的形象语言,深刻而雄伟。"1950年,《从延安到北京》《边区自卫军》由北京三联书店出版。

长诗《刘志丹》的创作

1937年11月,当柯仲平刚到陕甘宁边区不久,他就决心用自己的诗笔,写一部歌颂人民英雄刘志丹和根据地创建斗争的叙事长诗。为此,他在延安期间就注意搜集有关刘志丹和根据地的相关资料,进行了将近10年的写作准备。

1948年3月,柯仲平主持编选的"中国人民文艺丛书"行将结束,他到河北阜平向毛泽东告别。毛主席问他:"你在这里是打长工还是打短工?"柯仲平回答说打短工。"你把短工打完,要到哪里去呢?"柯仲平说他想回陕北去,准备继续写歌颂刘志丹的长诗。

人民英雄刘志丹(成文正绘)

毛主席说:"陕北是我的第二故乡,我在家16年,陕北12年半。"毛主席鼓励柯仲平多去做调查研究,花上十年八年的工夫,真正了解根据地,然后进行创作。毛泽东还说:"一个人一辈子能写出像《红楼梦》那样一部书就可以了。"对于怎样写作,柯仲平曾就西北党史上拿不准的问题,写信给刘少奇,要求给予指示。信由陆定一带去,刘少奇在信上批示请柯仲平到他住的地方去。刘少奇在家里接见柯仲平,他们就相关问题交换意见。当天,柯仲平把事先梳理的疑难问题提了出来,如果写刘志丹,肃反问题能不能写?刘少奇说,"可以写。为什么不能写呢?那一段正表现了刘志丹的高贵品质","刘志丹是个优秀的共产党员"。当柯仲平谈了他所准备写的主要内容后,刘少奇觉得他对材料掌握得还不够,还要继续努力。他说:"如果照你这样写下来,交给中央,中央又得尊重地方的同志，请他们看，他们提出各种意见，中央一下又不能出版，花了很多工夫。"他还建议柯仲平："不要全面地去写，写一支游击队的成长，这样问题就好办一些，不牵扯全面，比较容易出版，不要为真人真事所限制。"最后，刘少奇为柯仲平撑腰说："你在陕甘宁到处跑，下边的情况是了解了一些，但高级干部你还不了解。你这次回去到干部中去，同他们一块工作，一块吃，一块住。你告诉他们，这话是我给你讲的。"

回到陕北，柯仲平构思动笔，陆陆续续到1949年草成第一稿，约一千多行，因自己感到不理想，他愤而烧毁成稿。1950年，他从北京到沈阳，希望找高岗访问西北党史的相关问题，他在沈阳住了3个月，高岗没有时间与他谈话，期间只与张秀山谈了一次。从1951年到1953年，他连续写成第二稿，成诗一万四千行，但因"高岗饶漱石事件"全部作废。1958年到1960年，他又重整头绪再研磨，写成第三稿。然而，生活之路坎坷不平，创作之途曲折艰辛。随着彭德怀、习仲勋等被批判打倒后，柯仲平在西安作协、音协、美协、剧协等文艺团体干部会议上接受审查和批判。在短短的一个月时间内，他被要求写出创作长诗《刘志丹》的设想经过与彭德怀、习仲勋等"反党集团"的关系，先后5次做长篇检查和多次即席回答质问，身心受到严重摧残。在严厉的批判结束后，他仍以惊人的毅力继续从事长篇叙事诗的创作，写作和修改长诗的第四稿，成诗一万余行。然而，柯仲平的《刘志丹》反复起草完成后,却因为作家李建彤创作的小说《刘志丹》反党,他的诗也被认为是"反党长诗"。

在1962年9月24日至27日召开的中共八届十中全会上,时任中共中央书记处书记的康生把李建彤的小说《刘志丹》污蔑为"反党小说"。柯仲平因为撰写有关刘志丹的叙事长诗受到株连。据小说《刘志丹》的作者李建彤回忆:"党霸们对他进行迫害。那时柯老已经六十岁,哪还能经得起残酷的折磨?他们对这位老人搞疲劳战术,逼他一夜夜地写交代……终于使他的心血管爆裂,突然死去,中国文坛上的一颗巨星就这样被打落了。"

最终,这部倾注柯仲平几十年心血的长诗《刘志丹》没有完成,虽然其间四易其稿,付出生命的沉重代价。1979年9月20日,中共陕西省委为柯仲平举行骨灰安放仪式,为柯仲平及其作品恢复名誉时说:"柯仲平同志由于写长诗《刘志丹》而受到的严重迫害使这部长篇史诗未能完成,是我国诗歌创作上的一大憾事。"对他十几年间坚持创作《刘志丹》的努力和付出给予了肯定和回应。

回到西北

1950年1月19日,西北地区党政军各界在西安召开会议,正式成立西北军政委员会。26日大会闭幕,西北文教委员会成立,柯仲平担任西北文教委员会副主任。此时,他却不在西安,他在东北沈阳等候高岗的接见,然而，他没有等到高岗的接见，却等到彭德怀、习仲勋的电报，要他回西安筹备、主持西北文代会。但是，他仍然不甘心，不远万里来到东北，希望能与高岗谈谈西北党史的具体问题，却没有结果。他决定再等一段时间，等来的却还是西北方面的电报："请速回西安主持西北文代会。"于是，他只得匆匆乘上火车，来到西安。

9月7日上午10时，西北及西安文艺界在西安解放电影院集会，欢迎柯仲平回到陕西。西北军政委员会文化部部长成柏仁、副部长马健翎在致欢迎辞中指出：在与人民群众相结合，始终不懈地为实现毛主席规定的文艺方向而奋斗的道路上，柯仲平同志是走在最前列的一个。柯仲平也在集会上发言，他说：在中国人民大翻身的斗争中，人民和毛主席培养了自己，但自己的贡献仍是很小的。他还说：西北各民族丰富的民间艺术，反映了各族人民新的生活，人民解放军伟大的战斗和生产的光辉成绩，都是无尽的宝藏，有待文艺工作者去发掘。他号召大家努力创作，只要是人民大众欢迎的东西就写，只要与人民大众相结合，群众就爱戴你，就会有好的作品产生。

9月19日，他参加以陕甘宁边区文化协会名义召集的西北地区文代会筹备委员会成立大会，被推选为大会总主席，主持筹备工作的进行。9月21日，西北地区首届文学艺术工作者代表大会在西安隆重召开。柯仲平担任大会总主席，做了题为《团结起来，为建设西北，开展各民族人民文艺运动而奋斗》的报告。他认为，西北文代会就是要在总结西北地区人民文艺运动的基础上,巩固成绩,克服缺点,坚持毛主席的文艺旗帜,发挥革命文艺传统,团结起来,为进一步开展西北文艺运动而斗争。在会上,他号召各民族文艺工作者团结起来,组织开展创作运动、发展群众文艺运动、创造新的人民文艺、培养文艺干部等任务。9月30日,西北文代会胜利闭幕,西北地区文学艺术界联合会成立,柯仲平当选为西北文联主席。在当选后致闭幕辞时,他说这次会议开得非常成功,与会的西北各地区各民族的代表,欢聚一堂,畅叙衷曲,为发展西北地区的各族人民的文艺运动献计献策,是团结的大会、胜利的大会。

与会期间,柯仲平奔放炽烈的感情、洒脱不羁的人格,深深感染与会者,使各民族间的关系更加融洽,达到团结起来、共同奋斗的目的。据王琳说:"会场气氛热火朝天,发言的方式多种多样,唱歌、朗诵、说快板……人们都用自己最擅长的、最能表现自己的思想感情的方式发言。少数民族的代表一发言,就举起胳膊高呼毛泽东;这个响亮的名字一经喊出,欢呼鼓掌……每当这种时候,柯仲平的呼声总是最高,他的掌声,是最初起来的那个,也是最后落点的那个。"

此后,柯仲平担负起西北文艺界的领导工作,直到他去世为止。这期间,他除了做好本职工作和参加大量的社会活动外,还写了不少短诗,如《永远跟着毛泽东》《我们是毛泽东时代的运动员》《青青的花》《英雄们戴不完心花系在腰》《母亲颂》《欢迎代表去,慰问解放

柯仲平在朗诵诗歌

军》等。如他写于1954年1月20日的《母亲颂》：

她像山来不自高，
她像地来不自卑；
儿被伤害她心碎，
她比雷霆威更威。

儿成英雄，英雄归，
英雄还有奶香味；
英雄们来创造新社会，
母亲们创造英雄一辈连一辈。

据说写这首诗时，他在北京参加全国人民代表大会，《中国妇女》杂志的编辑请他写首"三八"妇女节的诗，他想到远在西安的夫人王琳和儿子，就写下这首

《母亲颂》。诗中表现母亲的勤苦和辛劳，同时寄托了母亲对儿女的期望，有较强的感染力。

1952年5月，他参加西安市少年儿童队积极分子大会时，在会上朗诵自己创作的叙事诗《毛主席的小英雄》；1954年，他重新整理修改并发表长篇抒情诗《献给志愿军》，都是新中国成立后柯仲平的重要诗作。

1958年4月16日，柯仲平因患心血管病晕倒，被送到神禾原上的常宁宫疗养。他不像一般疗养的人那样每天吃药、养病、散步，而是一有空就跑到常宁宫隔壁的鱼包头生产大队去。到社员家里串门、交朋友，询问他们的农业生产和生活，替他们解决一些实际困难。据苏堂回忆说："鱼包头大队的土地绝大部分都在旱原上，是个不得不靠天吃饭的穷队……大队有四十亩菜地，它像是鱼包头大队的掌上明珠，社员们把它整修得平格展展。墒情也很好，但正在该下种的关键时刻，队上要肥料缺肥料，要种

1952年，柯仲平、习仲勋等在一起

《毛主席的小英雄》

子没种子……柯老了解了这个情况后,就对队干部说:'一定要不违农时,按时下种。'于是他当晚凑了些现款,支援给鱼包头大队。"据说有次,队上急需用钱,柯仲平又派人连夜到西安城里去取钱。对社员们生活上的困难尽量给予关怀,修水利没有盆子,他就去买来脸盆;队员要用猪肝治病,他就去买来猪肝。大队支书恒治选的儿子患了重病,柯仲平比自己的儿子患了重病还着急,疗养院本来是不对外治病的,他好说歹说医药费由他承担,院方总算给孩子看好了病,挽救了孩子的生命。

1960年7月22日,全国第三次文代会在北京开幕,柯仲平出席了这次大会并被选为大会主席团成员。8月8日,他以诗歌朗诵的方式发言,热情洋溢地朗诵了题为《我们向党表决心》的诗歌:

　　我们向党表决心:
　　永远做革命的战鼓和喇叭,
　　为社会主义,共产主义啊,

> 党叫爬山，我们爬，
> 党叫跨海，我们跨，
> 我们永远听党和毛主席的话！
> 红旗招展八面威，
> 八面威风把人催，
> 条条战线条条龙，
> 千龙万龙一路飞。

8月13日，全国文代会闭幕，他再次当选为全国文联委员、中国作家协会副主席。

1962年4月，在纪念毛泽东《在延安文艺座谈会上的讲话》发表二十周年前夕，《民间文学》编辑部的编者访问柯仲平。他就自己所走过的创作道路和学习民歌的心得，做了题为《向生活学习，向民歌学习》的谈话，发表

柯仲平在常宁宫

柯仲平参加中国文学艺术工作者第三次代表大会

在这年5月号的《民间文学》上。4月19日，朱德、陈毅、郭沫若、周扬等国家和文艺界的领导人与参加第二届第三次全国人民代表大会的50多位新老诗人和诗歌工作者，在北京人民大会堂福建厅聚会，共同讨论诗歌的内容、形式、韵律以及继承诗歌的优良传统、诗歌与生活的关系等问题。柯仲平与萧三、冯至、张光年、李季、卞之琳等新老诗人应邀出席座谈会，并做了热情的发言。他说："现在我六十岁了，我一定要用今后的年月，好好地写一部能被党、群众批准的长诗。把古今中外拿来做借鉴，接受传统，深入到群众中去，在群众中搞他一辈子。"会上，朱德、陈毅、郭沫若等对柯仲平格外关心，劝他多保重身体，继续努力为人民进行诗歌创作。

访问苏联、波兰

1954年4月27日,应苏联对外友谊协会的邀请,中苏友协代表团启程出访,柯仲平作为代表团副团长参加了这次活动。代表团文艺界人士除柯仲平外,还有阳翰笙、张光年、吕骥、周小燕、陈伯华等,他们此行访问的是社会主义国家苏联和波兰。

到达莫斯科,恰逢五一劳动节,代表团应邀观摩红场上苏联军队的检阅,参观克里姆林宫、苏维埃会议大厅,据王琳说:"当然,最使他感到幸福、激动不已的,是他居然见到了那位世界的伟人!当他们来到列宁墓前的时候,那种庄严肃穆的气氛把他激荡的心紧紧摄住了!这里虽然挤满人,却秩序井然,鸦雀无声。"柯仲平端详着自己敬仰的革命伟人列宁,内心里抑制不住的激动。当天,作为代表团副团长、中国作家协会副主席,柯仲平率领文艺界的同仁一起拜访苏联作家协会,受到苏联著名作家波列伏依的热情接待和欢迎,宾主双方就中苏文艺创作情况进行了亲切交流。

6月1日,代表团来到斯大林汽车工厂参观访问。在厂里,工人们在现代化的生产线上忙碌着,柯仲平一看到工人能腾出手来,就热情地走上去与他们握手,工人们被他的热情打动,邀请他坐到即将出厂的汽车里,让他从流水线上坐出来。在当晚的宴会上,他即席赋诗《献给斯大

林汽车厂》,由孙亚明口译,表达对工厂特别礼遇的感谢:

走进了斯大林汽车工厂,
我们忙看,忙笑,忙招手;
工人同志手不空,
向我们频频点头。

一位笑容满面的老工人走了过来,
我忙去和他握手;
他把他的手膀伸给我,
怕我沾着他手上的油。
我忙说:我亲爱的同志哥哥,

柯仲平访问苏联、波兰

我的老朋友！
……

离开苏联首都莫斯科，代表团一行来到著名的石油城巴库——阿塞拜疆的首府。在这里，首先吸引诗人的是巴库的里海和石油，他把苏联的油田当作中国的油田，把苏联的工人当作中国的工人来爱，写下《献给巴库》《怎么舍得离开你，亲爱的巴库》等作品。他在诗句里说："啊，如果不是汽笛催又催，怎么舍得离开你，亲爱的巴库！"6月3日，在彼得格勒，他写下《献给十月革命的圣地》，在诗中热情歌颂十月革命的故乡。此后，代表团还访问距离新西伯利亚80公里的奥维辛农庄，在农庄举办的热情而丰盛的宴会上，他又即席朗诵《献给西伯利亚的集体农庄》，对过去列宁被流放过的地方出现欣欣向荣的集体农庄进行礼赞。可以说，在访问期间，他先后写下一系列赞扬和平与友谊的诗歌，歌颂列宁、歌颂十月革命的故乡，描绘异国风光，抒写伏尔加河，这些诗篇放眼世界，面向未来，闪耀着国际主义、共产主义的光芒，对革命理想和前途充满着乐观主义精神，成为他创作中富有特点的作品。

结束在苏联各地的访问后，阳翰笙、张光年、周小燕与柯仲平4人又被派去访问波兰。在波兰首都华沙，柯仲平一行受到波兰艺术家的热情款待。1953年5月20日，波兰玛佐夫舍歌舞团访问西安时，他曾为艺术家们写出并朗诵《青春的花》:"青春的花,衬上那青春的叶,/舞动着的衣裙,如天上飞着的云彩;/歌同舞,织成了青春快乐的世界,/最美好的未来,流露在笑眼和眉梢之间。"没想到一年后的今天,他能够来到遥远的波兰,与去年见面的老朋友们相见,大家都异常兴奋。对于这次访问,同行的诗人张光年回忆柯仲平时说:"想起1954年春夏间,我们同访苏、波,在许多文艺集会上,他即兴赋诗,他那激昂慷慨的热情朗诵,使满座为之动情。"

朗诵诗和街头诗

柯仲平作为延安朗诵诗和街头诗运动的组织者和发起人,将朗诵诗和街头诗运动推向新诗大众化的高潮。在延安的诗歌活动为聚集在这里的新老诗人提供了新诗流布和传播的重要途径,同时也产生了大量优秀的诗歌作品,极大扩大诗人的影响力,促进中国抗战诗歌的蓬勃发展。

朗诵诗

一般认为，中国新诗中的朗诵诗源于20世纪30年代初中国左翼作家联盟（简称"左联"）提出的"大众朗诵诗"，"左联"执委会在1931年11月的决议中曾提出要"批判地采用中国本有的大众文学、西欧的报告文学、宣传艺术、墙头小说、大众朗诵诗等等体裁"。然而实际上，最早对朗诵诗进行创作、朗诵的却是20世纪二三十年代著名的新月派诸位诗人，他们较为集中、系统的朗诵诗实验得到人们的最初肯定。在新月派诸位诗人中，朱湘是对朗诵诗用力最早、用心最深的诗人之一。据作家徐霞村回忆："在1925年下半年和1926年上半年，朱湘曾先后朗诵过自己的作品，如《热情》《采莲曲》《还乡》《猫诰》等。这是我第一次听别人朗诵白话诗。"朱湘自己曾在1926年4月26日的《晨报副刊》上，登过《我的读诗会》，声称他打算于5月1日举行一次自己的诗作朗诵会。虽然他预想中的读诗会由于其他原因没有进行，但在这篇文章中他表达探寻新诗表现艺术、促进新诗自身发展的重要方法：注意对音节的追求，用朗诵诗歌来完善新诗，却受到当时诗坛各方的热情关注。

作为新月派著名理论家，闻一多从否定新诗感伤的自我表现和粗糙的散漫自由出发，强调诗歌的格律，提出著名的诗歌"三美"原则，即音乐美（音节）、绘画美

（辞藻）、建筑美（节的匀称和句的均齐）。新月派诗人纷纷实践他所提出的格律主张，突出强调诗歌的听觉和视觉艺术效果，写出了一批优秀的新格律诗，如徐志摩的《再别康桥》，就被认为是中国最著名、朗诵最多的现代新诗。但是，真正使朗诵诗产生广泛影响的并不是新月派诸位诗人，新月派诗人提出朗诵诗的目的，不过是追求各种具体的、细微的创作问题，也就是说，诗朗诵最终落实到"诗"自身，而不是落实到"朗诵"上，他们想要表现的是"诗艺"，即诗歌创作的问题。

据评论家刘继业记载，较早产生影响的朗诵诗活动，是1937年10月19日在武汉举行的鲁迅逝世周年纪念大会上。在这次活动中，王莹女士朗诵了高兰的《我们的祭礼》，柯仲平朗诵自己创作的诗歌，"一边朗诵，一边表情，动人之极"。对这种第一次公开进行的诗歌朗诵活动，当时有一些并不一致的评价，但对这种形式的肯定都是相同的。从此，诗歌朗诵活动在武汉三镇热烈地开展起来，举行过多次公众场合的新诗朗诵活动。其间，柯仲平、高兰、王莹、穆木天、萧红等都是武汉等地朗诵诗活动的热心提倡者，同时在汉口还第一次出现了广播电台中的诗歌朗诵形式，迅速扩大了朗诵诗在社会上的影响。

1938年10月汉口失守后，国统区多数文化人开始云集陪都重庆，朗诵诗运动在此得到空前发展，在各种文化庆典、祝寿场合和宣传活动上都能感受到新诗朗诵运动带来的火热激情。中华全国文艺界抗敌协会于1940年11月24日还成立"诗歌朗诵队",由此,诗歌朗诵活动更是得到了某种组织性保证,开展得有声有色,影响遍及桂林、昆明、香港等地。当然,在这其中,柯仲平是发挥了重要作用的。

1937年11月,柯仲平由武汉抵达延安,带头倡导朗诵诗运动,成立延安最早的群众性诗歌组织——战歌社,致力于朗诵诗的创作和讨论,诗歌朗诵活动得到毛泽东的亲自支持。这一运动的蓬勃发展引起延安文艺界对诗歌朗诵问题的集中讨论,在《新中华报》1938年1月25日的《边区文艺》第四期上,专门开辟"关于诗的朗诵问题"的讨论专栏,发表了柯仲平、林山、雪苇、沙可夫的文章。由此可见,朗诵诗运动从一开始,就在延安迅速掀起新的热潮。据诗人萧三说:"延安诗歌运动最初和最有力的发起人要算柯仲平同志,他是朗诵诗放头一炮的呐喊诗人。"当时,战歌社在柯仲平的组织和领导下,在延安的活动十分活跃。1938年1月26日,战歌社在延安举办第一次"诗歌、民歌演唱晚会",主要采取诗歌朗诵的形式进行,尽管晚会没有取得预期的效果,与会的毛泽东却坚持到晚会结束。对于这次不成功的诗歌朗诵活动,柯仲平曾不无自责地说:"战歌社决定派我用诗歌朗诵这一节目去参加'陕公'的新年晚会。在这晚会上的我的朗诵,实在是失败的。但是,就在这失败上,我得到了许多可贵的教训:在战歌社的会议中,我毫不掩饰地自我批评,并且,诚恳的公开的接受同志们——尤其是沙可夫同志给我写来的对于我朗诵的批评。"在这里,柯仲平的叙述与其新年晚会的朗诵没有取得实际效果有关，也与沙可夫等人在《边地文艺》上的批评有关，但正是这种经历和遭遇，却提升了他对朗诵诗的理论认识和深入思考。其后，他在《关于诗的朗诵问题》里说："富于朗诵性的诗歌当具有以下三个条件：一、内容是真实的，最能感动大众，有高度教育意义的；二、使用的语言是大众化的——一面容易使大众接受，一面却又能提高大众文化的语言；三、有富于律动的组织。能选富于朗诵性的诗歌来练习朗诵，并能在当众朗诵时沉着地使那诗歌的律动转化为朗诵诗歌的律动，能使两种律动一致、谐和，这便是成功的朗诵。"可以说，作为朗诵诗运动的组织者和发起人，柯仲平及时地进行检讨和理论上的反思，将朗诵诗运动推向了新诗大众化的高潮。

此后，延安的朗诵诗活动迅速扩展到整个陕甘宁边区，然后波及到晋察冀根据地和其他抗日革命根据地，还产生了柯仲平创作的长篇叙事诗《边区自卫军》这样的保留节目。在革命圣地延安，柯仲平的朗诵无人不晓，据亲历者柯蓝回忆，他常常是"把大胡子一捋，把手向空中一举，接着又把身子微微向前倾斜，马上用

《边区自卫军》

他略略有些沙哑,但却十分宏亮的声音,不停地朗诵起来。他根本不是用我们常见的那种朗诵方法,用平静的声调,一句一句地念着诗句。他,几乎是像一堆燃烧的烈火,用硝烟,用爆炸,从内心深处倾诉着,呼喊出他炽热的诗句。他这种独特、奇异的真正的朗诵……马上使全场的人震惊起来。这时,诗人柯仲平带着满身的风、雷、雨、电,亲切地走到了我们中间……"除朗诵他写在墙壁上的《告同志》《保护我们的利益》等作品外,在1938年6月他率领边区民众剧团在绥德演出时,还朗诵过节奏激切的《游击队像猫头鹰》。此外,柯仲平在1939年创作的《延安与中国青年》等,都是当时产生过重要影响的朗诵诗作品。

街头诗

在延安,朗诵诗的写作和发表,由于受到一些客观条件的制约,这就使得延安的诗人们不得不去寻找和实践另外一种诗歌活动形式——街头诗。其又被称为墙头诗、传单诗,是延安时期最能迅速及时反映战争生活和工农兵生活的诗歌。因此,在新诗大众化的道路上,朗诵诗在前,街头诗在后,朗诵诗运动的中心在重庆,街头诗运动的中心最初是在延安,而后则扩展到晋察冀边区等地。

1938年8月7日,陕甘宁边区文协战歌社和西北战地服务团战地社联合起来,将柯仲平、田间、高敏夫、史轮、张季纯、方绥、刘御等人创作的一百多首短诗收集起来，或是涂抹在墙壁、岩石和门板上，或是写在旧报纸上到处张贴和悬挂，或是写成诗歌传单，在人群中散发，柯仲平、田间等还在街头大声朗诵。"这一天，延安像开晚会，像过年。"战歌社和战地社共同掀起"延安街头诗运动"，同一天，他们还联合发布具有强烈时代性、战斗性、群众性的《街头诗歌运动宣言》（以下简称《宣言》），3天后正式发表于《新中华报》。在《宣言》中，诗人们点明街头诗发生的客观背景，也点明诗歌发展的内在逻辑：首先是由于抗战的需要，抗战需要更加短小精练而富有实效的诗歌；其次是由于印刷的困难和纸张的奇缺，这在延安等边区是非常明显的，当时出一本诗集所需的纸张往往需要报请中央批准，这些都是街头诗运动在延安率先发动的客观原因。当然，还有诗人主观上和诗歌发展内在逻辑的原因。街头诗的产生，柯仲平等人是把它作为诗歌大众化的途径之一来实践的。

当时，身处延安的诗人们大多具有一种让诗歌走进民众和服务抗战的创造性激情，这种激情来自于诗人内心对于诗歌大众化和服务于抗战的现实需要和理解。他们在《宣言》的开头甚至天真地认为，陕北民歌还可以用来作为马克思《资本论》的序言，这种大胆而浪漫的想象是非常罕见的。正是这些因素的结合，促使街头诗运动在延安蓬勃发展。可以说，街头诗的倡导与实践是解放区主客观条件制约下的产物。一方面，街头诗作为"一种最简捷最经济最便利的文艺形式",用它来教育大众,既"切合于群众的旧经验,容易引起群众的学习兴趣",又是"大众自己的文学作品,是自己真实生活的反映"。另一方面,街头诗联系延安实际生活,又采用民众喜闻乐见的语言、形式,具有较强的实用性。随着抗日战争的日趋深入,街头诗越发兴盛与普及,除柯仲平、田间等外,相继吸纳萧三、艾青、公木、严辰等著名诗人作为参与者和鼓吹者。如萧三在《我的宣言》中,对自己诗歌创作的重新认识;艾青在《开展街头诗运动》中写道:"把诗送到街头,使诗成为新的社会的每个构成员的日常需要。假如大众不需要诗,诗是没有前途的"。这些都可视为街头诗运动中围绕诗人与诗歌而展开讨论的升华与认识。

1938年8月10日,《新中华报》在发表《宣言》的同时,还开辟"街头诗选"的专栏,分两次选登了运动中产生的部分优秀诗歌,例如柯仲平《保护我们的利益》、田间《假使敌人来进攻边区》、史轮《儿歌》、刘御《小脚婆娘》、季纯《给我一支枪》等,这些街头诗作品在当时都产生了较大的影响。1938年冬季之后,随着高敏夫、田间、邵子南、史轮等街头诗发起人相继走向晋察冀边区,街头诗也在晋察冀边区呈现了另一番活跃的景象,受到了战士和群众的普遍欢迎。如1939年,田间等人的街头诗集《粮食》被油印成册,仅在晋察冀边区就销售超过7000份;在纪念"街头诗运动日"一周年时,《诗建设》更是发起了创作一千首街头诗的活动,出现了不少较为优秀的诗人和诗作。著名散文家杨朔在记述柯仲平等领导的街头诗运动盛况时说:"到处可以看到街头诗,这些诗采取短俏的形式,运用民谣的韵律,使用活生生的民间语言,描写战争、反扫荡、民主政治、志愿义务兵,以及一切和战争相连接的斗争生活,这些诗绝不高坐在缪斯的宝殿里,凭着灵感来描写爱与死的题材,他们已经走进农村,走进军队,使诗与大众相结合,同时使大众的生活诗化。"

街头诗运动在延安等地一度形成一种新的文艺氛围,也带动了其他艺术的发展。1942年,延安文化俱乐部就曾在文化沟别开生面地构筑了由美术家张仃设计的"艺术台",办起了"街头画报""街头诗""街头小说"等3种大型墙报,这样的艺术展览和宣传形式在其后得到了较好发扬,由街头诗而扩展到街头艺术。

在众多诗人的创作中,柯仲平的街头诗是延安文学乃至整个抗战诗歌的亮点之一,代表了街头诗运动在艺术上的最高成就。柯仲平写诗较早,在狂飙、创造时期,他的诗歌以革命浪漫主义诗歌为基调,以表现自我为主;到延安时期,他的诗歌以革命现实主义为基调,以表现人民为主。对于他在延安时期的创作,田间、魏巍、萧三等都对他的诗歌给予较高的评价。作家魏巍在《延安诗歌运动的发起人柯仲平》中说:"柯仲平是个热情澎湃的诗人,他戴顶鸭舌帽,披件棉衣。一有集会,大家就欢迎他朗诵诗。他并不拒绝,立刻就朗诵他的新作《边区自卫军》。青年们感到很新鲜,很满意,听完朗诵就报以热烈的掌声。"在他这一时期的创作中，除长诗《边区自卫军》和《平汉路工人破坏大队》外，主要是街头诗，如《告同志》《游击队像猫头鹰》《朱德同志》《留守兵团开发三边盐田歌》《"打肩"》等，都是传诵一时的名篇。这些诗作能把读者和听众带到民族抗战的特定场域和实景当中，让人们跟随诗人感同身受。譬如他的《告同志》："呵！同志们！战呵战！从黄昏战起，战到夜深沉；再从夜战起，战到大天明；战场上有退有进我们共产党的主张不胜利，我们永远不收兵！"又如《游击队像猫头鹰》："游击队——猫头鹰，盯着鬼子们走，追着鬼子们行；乘鬼子们不备，打击鬼子们，消灭侵略兵。"这些诗歌直率坦白，感情真挚，饱含着作者的思想和意图，尽管如同其他的街头诗一样，缺乏一些来自人性深处的洞察，但又确实含有一种振奋人心的力量。

　　延安的柯仲平、田间等发起的街头诗运动的影响是多方面的，它不仅为延安的新老诗人的活动提供了一种切实可行的途径，同时也产生了大量优秀的作品、扩大了诗人的影响，更重要的是推动了人民的抗战热情。除此之外，街头诗运动在教育上也起到了重要的作用，评论家刘增杰等认为："这一类的诗歌，不会写字的群众也会编作，我们可以让他们念一句我们写一句，再把写好的诗歌，教给他们念，这是推动识字教育的好方法。"由此可见，作为一种艺术形式的诗歌被赋予积极的教育意义，使得边区老百姓在接受这种快捷的文学形式熏陶的同时提高识字认字水平，对发动群众有很大的帮助。

抒情和叙事长诗

　　作为柯仲平长诗的处女作,1927年出版的抒情长诗《海夜歌声》是他成长道路上的重要作品,也奠定他的诗歌创作的基本格调和思想主题。1938年创作的叙事长诗《边区自卫军》和《平汉路工人破坏大队》,是富有中国民族特色的两部歌颂工农斗争生活的诗歌,是延安时期出现较早的著名叙事诗。叙事长诗《浪中人》作为诗人的遗作,取得了较高的艺术成就。

抒情长诗代表作：《海夜歌声》

1924年，在北京的云南会馆，柯仲平写下他的第一部长诗《海夜歌声》，发出了诗人追求光明、渴望战斗的第一声。

1926年7月7日，他在《关于我就要出版的〈海夜歌声〉》里写到："它是前年秋冬风里产生的。大概要在今年秋风待动时才能束装入世。关于它产后老不得入世的原因，何若将来有人问及再说吧。"然而，这部诗集没有如愿在当年得以出版。直到次年8月，《海夜歌声》作为"幻洲文丛"之一，由上海光华书局出版。这是柯仲平的第一部抒情长诗集，全诗长达1800余行，由《冠在〈海夜歌声〉前》《寄我儿〈海夜歌声〉》《海夜歌声》和《这空默的心》4篇组成。对于自己的第一部诗集，诗人是十分珍视的，他亲昵地称其为"我的心，我的小乖儿"，他宁愿用自己的生命换取婴儿的诞生。事实也正是如此，这部诗集的问世，标志着柯仲平创作道路上的第一个里程碑，它为诗人的创作奠定了基本格调和思想主题。

创作《海夜歌声》时，作者23岁，虽然这时的他敏锐地感觉到时代发生的巨大变化，但是无力去把握它。面对着错综复杂的社会现象，他只觉得整个世界都像万花筒那样令人眼花缭乱。这种思想感情集中反映在《海夜歌声》里，就呈现出比较复杂的主题意象。因此，在诗歌里人们可以看到既有求战的欣喜，也有不解的疑惑；既有献身的勇气，又有孤独的沉默。作者在诗歌里一会儿痛骂"宇宙是一座大坟墓"，"世界哪一处不是鬼窟"；一会儿又赞美"地球，养育我的母亲"，"树荫下面也好乘凉呢"；一会儿觉得"憔悴且孤零"，自己是个"懦夫"；一会儿又要做"昆仑山下的雄鸡"，用歌声去迎接晨曦。可以说，这种矛盾交织的复杂状态，差不多是那时候许多进步青年不同程度地遇到的问题。时代的发展变化，促使许多进步青年渴求进入主流的斗争行列，然而他们看不清楚前进的方向和主力所在，依然跳不出个人奋斗的小圈子。也就是说，社会发展的客观要求，和他们尚不具备的主观条件，产生了某种程度的矛盾，年轻的诗人尚无法逾越这个矛盾，于是，柯仲平把他的感受和努力都以诗歌的形式抒发出来。因此，在这样的意义上，《海夜歌声》凝聚着同时代许多进步青年的苦闷，也反映了诗人在探索前进过程中所做的真实的心灵剖白。

　　在另外意义上，《海夜歌声》又是革命战士求战心切而又不得其法的心的呼喊。作为诗人的柯仲平要求勇猛地前进，渴望彻底摧毁一切锁链的感情是始终不渝的，这是他诗歌的主导态度和一以贯之的思想。为了战斗，为了制服敌人，他愿把"骸骨都愿粉碎在疆场"，"斩敌人，视敌人如泥土所制成！杀敌人，视敌人如一草一叶的化身"，甚至在诗歌里大声疾呼：

来罢！所有的仇敌，
冷刀尽管落在我的体肤上，
笑骂尽管筑起了重重围墙；
最大的限度是将我头提去，
最大的毒刑——
将我砍碎，
撩与飞鹰；
除了此，还能伤我吗？

  这是什么声音？在一个"冷酷如铁，黑暗如漆，腥秽如血"的年代里，年轻的壮士向敌人发出挑战的呐喊。从这个勇敢的声音里，人们仿佛看到了青年诗人高大的身影，并且预感到这位执着的歌手，不会轻易放弃自己的追求，他在这里表明对光明的向往与追求，也倾诉了自己献身人民与黑暗势力决一死战的决心。因此，诗人后来参加创造社和狂飙社，诗人后来在延安创作朗诵诗和街头诗，诗人后来坚持的创作和生活的激情，都可以从这里找到一点点的渊源。

  同时，《海夜歌声》里有不少雄壮豪放的诗句，这些诗句与柯仲平的生活与思想惊人地表现出一致性，同时，这些诗句跟自然界壮丽的景色也是相符的，这就使得他的诗歌创作始终能贴近现实、贴近生活。如作者主体对船哥的自述时说："我朝沐爪于溪，我夜磨牙于泉；我哪天不对着阳光愤发我自己的心灵几遍?"作者向地球诉说时称:"呵!你有海水狂跳,你还有按不住而激荡的血潮,你原是怎样热烈而光彩的献身啊,看呵!怎样的,你的血潮!你的血潮早已奔到天空中燃烧。"还有"那夜,云如卧虎,那夜,月裙轻绸,山下农民全睡尽,左右空气点没声,不只是三更已四更,半山上的破屋中走出我一人。"对于这种雄壮、豪放、隽永的诗句,评论家周健认为:"感情奔放,气势宏伟,有一泻千里、飞腾激越的壮美;有刚正不阿、赤诚相见的真挚。显然,诗人汲取了我国古典诗词的营养。"在这部诗集里,柯仲平除深受古典诗词的影响外,还受到郭沫若诗集《女神》的影响。1921年,郭沫若的《女神》出版,《女神》里的《凤凰涅槃》《地球,我的母亲》《我是个偶像崇拜者》等雄浑的诗篇给不少刚刚觉醒的进步青年扩大视野和胸襟,激励他们反抗旧社会,创造新生活。因此,在《这空默的心》里,诗人将郭沫若与屈原、李白、但丁、歌德并列,在诗句里反复说:"无论你是荷马或屈平,无论你是李白郭沫若,还是歌德或但丁;更无论呵,——你是怎样的个抒情诗人。"由此可见,他对郭沫若的欣赏与推崇,把他与中外文学史上的杰出诗人并列。

此外,《海夜歌声》还表现出诗人对形式的执着追求。这部诗集通篇采用的都是"对话体"的形式:《冠在〈海夜歌声〉前》是与周全平的对话,《寄我儿〈海夜歌声〉》是儿与娘的对话,《海夜歌声》是作者和船哥的对话，《这空默的心》是我的独白或与老友的对话。这种种对话及其蕴含的形式意味，使得这部诗集的创作过程以及在这一过程中诗人所体现出来的对诗歌形式的执着追求，蕴含着诗人诗歌美学的初步萌芽。因此，对于这部诗集，诗人冯至评价说："平心而论，《海夜歌声》是一个革命诗人'千里之行始于足下'的处女作。它抒写了作者对黑暗社会的痛恨与不屈不挠的反抗精神，还掺杂着一些孤独之感与力不从心的叹息。"

叙事长诗杰作：《边区自卫军》和《平汉路工人破坏大队》

在延安时期，柯仲平最引人注目的创作就是两部长篇叙事诗：《边区自卫军》和《平汉路工人破坏大队》。这两部长诗均写作于1938年，曾被称为"陕甘宁边区最早出现的用诗的语言歌颂工农的长篇杰作"，前者描写马福川的农民自卫军保卫家乡、捉拿汉奸的故事；后者抒写铁路工人在党的领导下，组织起来向日本侵略者进行顽强的斗争。

在讲述《边区自卫军》的创作过程时，诗人曾经说明："这是在边区工人第一次代表大会上听来的故事，后来，把这故事详细告诉我的，是工人代表林光辉同志。这诗写后，曾得到一位同志的最崇高的鼓励。我除深深致谢外，以后必然是更加努力的。"很多文章都曾记录《边区自卫军》的"传播过程":柯仲平集中5天时间,废寝忘食,在1938年五一前夜完成这首两千行的长诗。在夏天周末的晚上,在延河边的清凉山万佛洞前,延安新华印刷厂组织的文艺朗诵会上,他在毛泽东、朱德等领导面前激情朗诵着自己的新作。许多观众都提前退场,朗诵过半,诗人才从诗中清醒过来。他向毛主席请示停止朗诵,但毛主席却鼓励他说:"朗诵完毕!"于是,柯仲平又抖擞精神,忘我地朗诵起来。毛泽东在听的过程中,不时地微笑、点头,最后还将诗稿拿去,做了重要批语:"此诗很好,赶快发表。"不久,中共中央理论刊物《解放》周刊第41、42期便破例连载《边区自卫军》。战时知识社1938年10月初版,在当时的延安文艺界引起巨大的轰动。

作为柯仲平创作道路上标志性的作品,《边区自卫军》讲述的故事其实并不复杂:边区自卫军李排长为查明叛徒王三的下落,在各村蹓了一整天,天黑前回到村里,派出他认为能干的队员韩娃到马福川去放哨。勇敢机智的韩娃在夜里遇到两个深入边区活动的汉奸,正在他准备要动手捉拿两个汉奸时,暗中查岗的李排长和他一起合作把两个汉奸抓住。他们从汉奸的口中得到叛徒王三和敌人的密谋,最后两个汉奸在群众公审大会上得到应有的惩罚。自卫军抓住汉奸,这在抗日战争时期是再寻常不过的事情,但在当时的陕甘宁边区却不寻常,严防敌人破坏是边区人民面临的重要政治任务。他们不仅要保卫既得的革命成果,而且还要捍卫抗日民主的根据地。因此,诗人抓住这个捉汉奸的小故事，用诗歌的形式反映边区群众的斗争生活，又反过来教育边区群众，保护革命根据地。

　　据说，毛泽东之所以重视这首诗，是因为诗人发掘了"在逃兵看来不过是提着矛子的老百姓"的优秀品质，塑造了边区土地上生长起来的全新的农民形象——"身材不高也不矮""结结实实的一条好汉"李排长和"茅舍出奇才""自卫军的旗手"韩娃。他们经过党的教育培养，政治觉悟提高很快，斗争性很强。他们减租反霸，捕捉坏人，保卫新政权和创造新生活，无私无畏，显示千千万万觉醒农民的精神形象。其中，韩娃作为成长的一代被塑造得更为出色。面对特务的捣乱，他站岗放哨，盘查过路行人，这个"儿童团的一个小鬼"做到"眼观六路，耳听八方，自己不上敌人当，还不叫敌人漏网"。在他的身上，人们可以看到革命一代的形象：

　　　　韩娃为人强似钢：
　　　　打起来，
　　　　当当响；
　　　　用起来，
　　　　硬邦邦。

　　　　韩娃钢中也有铅：
　　　　铅性软，
　　　　打不断；

诗人对韩娃的性格特点进行刻画描绘,栩栩如生。其后,作品里说韩娃"他的口令,关系边区的安危",他的命令——

> 不但代表自卫军,
> 代表老百姓,
> 是代表一个战斗民族的声音。

在这首长诗里,诗人绘声绘色地描写了两位群众英雄的行动、心理和他们忠实于工作的优秀品质。在这两个自卫军身上,集中地表现了陕甘宁边区人民对于边区的热爱和对于叛徒、汉奸的仇恨,同时又塑造了李排长、韩娃等机智、勇敢和纯朴的人物形象。可以说,这首诗热情地歌颂了他们在战斗中不断健康成长的过程,充满了诗人对边区子弟兵的深厚情谊,反映了欢快的边区斗争生活和人民斗争终会取得胜利的信心。更难得可贵的是,这首诗不仅较好地保持柯仲平早期作品里固有的热烈的情绪,而且在思想内容、人物描写、形象塑造等方面都有了一个全新的开拓和升华。诗人的战斗热情,在这首诗里,不再是狂风暴雨式的呐喊,而是通过现实生活的真实描画和对于英雄人物的由衷赞美表达出来,实际描画和诗人的战斗情绪,在诗歌里得到和谐的统一。

同时,《边区自卫军》是诗人深入实际斗争生活后进行创造的作品，在一定程度上反映了他致力于为现实政治和子弟兵服务的创作倾向，即"为现实和战争服务"。对于这点，著名诗人贺敬之前些年就认为："尤其是《边区自卫军》，是一部思想性和艺术性达到高度结合的杰出作品。它虽然只写了边区自卫军英雄韩娃和李排长智擒汉奸土匪这样一支小小的游击队，以小见大，反映了时代的生动侧影。它是当年边区斗争生活一个典型艺术晶体，它的思想和社会价值，远远超过了它的不大的篇幅。"其实，《边区自卫军》的创作，与柯仲平后来不断提倡和坚持的诗歌、文艺革命化、民族化、大众化的思想与主张是一致的，他在创作和实践中也是这样坚决执行的。这种思想与主张早在"延安文艺座谈会"之前就在他的创作里得以淋漓尽致的表现，是非常难能可贵的。

此外，在诗歌的表现手法上，《边区自卫军》和柯仲平在延安时期的其他诗作一样，继续采用大众化、通俗化的形式，坚定地吸收民间歌谣、群众语言和日常用语的长处，同时形成他自己独特的艺术风格，那就是清新、活泼、朗朗上口，因此这首诗节奏明快整齐，便于唱诵，有一种内在的音乐美，如：

左边一条山，
右边一条山，
一条川在两条山间转；
川水喊着要到黄河去，

这里碰壁转一转,
那里碰壁弯一弯,
它的方向永不改,
不到黄河心不甘。

三月里,
杏花开,
三月川冰还未解,
三分春暖七分寒。

人在冰上走,
水在冰下流。
川流不愿回头,
战士哪甘落后。

读《边区自卫军》里的这些诗句,仿佛轻风拂面,使人爽心悦目,精神为之一振。无怪乎冯雪峰在《论两个诗人及诗的精神和形式》里,把柯仲平的《边区自卫军》誉为"民众自己天然地产生的民歌",是新诗歌创作的"曙光"。他说:"西北民歌的精语的适当的采用,和以活的大众的口吻为准则的诗的用语的锻炼,不但使他的诗显示了特色,也暗示着我们能够从大众语言中掘发新诗的语言创造的源泉,而且这几乎是我们唯一的出路。"冯雪峰对柯仲平的《边区自卫军》给予高度评价,认为他在新诗歌向民歌学习方面找到了新诗歌发展的"唯一出路"。后来延安诗歌运动的进行充分证明冯雪峰的判断是正确的,李季的《王贵与李香香》正是大众化、民族化的重要收获。因此,《边区自卫军》在艺术实践上为中国新诗的发展进行了开拓性的尝试,并取得了成功。对此,贾芝也认为:"《边区自卫军》既然描写的是群众关心的事情,塑造了群众英雄的可爱的艺术形象,而又具有民间诗歌的情调……把它列入人民大众的、明朗健康的现实主义艺术的优秀作品目录中,是完全可以的。"

与《边区自卫军》书写一代新型农民相比,《平汉路工人破坏大队》书写的是一代新型工人。1938年12月,柯仲平创作并完稿到延安后的第二部长篇叙事诗《平汉路工人破坏大队的产生》(第一章),连载在1939年2月创刊的延安《文艺战线》第1卷第1、2期上(再版时更名为《平汉路工人破坏大队》)。他在诗的"前记"里写到:"平汉路工人破坏大队的同志们,曾把他们这段艰苦光荣的历史告诉我,并且要我把他们这段光荣历史写成一篇诗。这回是因为'文艺战线'要出版,周扬同志催我写一篇长诗,同时,也因印厂同志赵鹤劝我不要整天忙事务,应该抽空多写点东西——我才决定开始写这部长诗。"当时,柯仲平在准备写这部长诗时,原计划写5章,后因篇幅过长,不容易在刊物上发表,就先把第一章写出来发表，后来也没有继续写剩余的4章。但是，作为中国现代文学史上第一部反映党领导工人进行革命斗争的叙事长诗，《平汉路工人破坏大队》取材于平汉路工人破坏大队在抗日战争中所做出的光辉事迹，虽然作品仅止笔于第一章，但已较为生动地展示了具有"二七"大罢工反帝反封建光荣革命传统的郑州工人阶级，为了拯救国难，在党的领导下团结起来，组织武装抗敌御侮的艰难奋战历程，这在中国诗歌史上是前所未有的。

当时，平汉铁路工人作为工人阶级的一部分，他们有着很强的革命性、组织性和斗争性，他们在平汉铁路北段与日本侵略者进行短兵相接的斗争中，始终洋溢着高度的集体主义、爱国主义和英雄主义精神。因此，柯仲平在《平汉路工人破坏大队》里塑造了众多的英雄人物形象，例如沉着勇敢的工人领袖李阿根，他有丰富的斗争经验，有战斗的策略眼光，用自己的模范行为，赢得了广大工人的信赖。除李阿根之外，还有幽默风趣的铁路工人"小黑炭"，粗犷耿直的工人"麻子"，还有脱党又重新投入党的怀抱的老刘，都是长诗中较为生动的艺术形象。

在这首长诗里，诗人用力最深、着墨最多的是沉着勇敢的工人破坏大队的领导者、共产党员李阿根的形象。李阿根原来是上海纱厂的工人，曾多次领导工人运动。艰苦斗争和坐过牢房的战斗经历，使他对党的事业忠诚无比。在郑州组织工人破坏大队，面临着工会分裂、人心涣散等严重困难，但是他沉着冷静，紧紧把握时机，化险为夷，取得了成功。这首诗以李阿根说服工人群众争取老刘，最终实现工人阶级团结为主要情节，刻画展示李阿根的性格，老刘在平汉铁路当工人有二十四五年之久，他孤身一人，苦大仇深，在工人中有一定的影响，却又在工会中"拜把扯香"，分裂出一帮人。对老刘这样的工人采取什么样的态度，直接影响到组织工人破坏大队的成败。即使在等待老刘参加酝酿破坏大队成立的秘密会议的时候，有的人仍担心老刘会叛变；有的人则认为"西天只有这尊佛？除了王屠户，连毛吃猪？"在这错综复杂的情况下，李阿根则越发显示出善于掌握党的政策的高度原则性。他认为，真正的工贼应该打击，而老刘不愿当亡国奴，有民族骨气，是应该争取团结的对象。他还积极启发引导大家，不能"你一帮，我一帮"地搞分裂，对待有缺点错误的阶级弟兄，应该像对待有毛病的机器那样拆下来检查修理，使之重新运转。他反复强调工人阶级团结的重要性和工人阶级的利益：

工人第一靠团结，
有团结才有力量；
全中国的工人，
都应站在一条战线上，
像火车，

火车不能站在轨道旁。

团结起来，争取解放，
我们工人，我们兄弟，
只有一个战斗方向；
像火车，
火车不能同时走两个方向。

　　同样，在老刘的眼里，"带头的阿根，真像火车头，光明的阿根，真像车前的那两盏电灯"。在阿根崇高理想境界和真诚情谊的感召下，老刘终于从跌倒的泥坑里站立起来，"决心参加游击队"，怀着"要死，死在人前人赞美"的献身精神，积极活动，登记工人入队，铁路工人终于实现了空前的团结。"工人的心，比它什么光都明，工人的情，比它什么酒都要醉"，"工人的气量——你要量，你真是错把大海当作斗来量！"两千多人组成的平汉路工人破坏大队诞生了，工人们举杯痛饮，"酒连酒，杯连杯，心连心，肺连肺，共产党把工人连成一个队！""大地上，斩不断的只有长流水，世界上，割不断的只有工人这个队！"李阿根的形象和工人破坏大队的成立，典型地展示了中国工人阶级的革命襟怀，坚强团结的战斗意志和他们艰难曲折的英勇斗争历程，并且生动地体现了工人阶级自"五四"登上政治舞台后，在抗战新形势下走向更加自信和更加成熟的一面。

其他的人物形象，他塑造得同样不错，例如写小黑炭放哨，被查夜的宪兵特务逮捕，在这危难时刻，他表现出大无畏的英雄气概，丝毫没有想到自己的生死，想到的却是"还算好，不到阿根那里搜"，想到幸亏自己出来放哨，转移特务目标，"想到这，他心笑脸也笑"。这种崇高的优秀品质和无私的情怀，不仅让读者深受感动，并且具有强烈的震撼力量。此外，像写脱党的老刘在悔悟以后的"决心要拿行动来赎罪"的沉痛心情，写豪爽而又有点固执的麻子看到老刘的忏悔和自我批评，立刻就捐弃过去对老刘的意见，都写得真实亲切，质朴自然。

尽管由于种种原因，《平汉路工人破坏大队》未能完篇，这使得故事的情节没有完全展开，但这并没有影响它获得良好的声誉。中国新文学的奠基人王瑶教授评价这部作品时认为："《平汉路工人破坏大队》的产生可以说是中国第一次歌颂工人阶级斗争的长诗，诗中写出了在共产党员阿根的领导下，争取到有群众威信的工人老刘的合作，在层层监视压迫下，终于组织成了规模很大的'破坏大队'……这种表现方式的尝试和所写的题材的积极性，仍然是很可贵的。"

作为柯仲平创作道路上的重要里程碑，《边区自卫军》和《平汉路工人破坏大队》的艺术成就不只在于艺术形式上的探索，更重要的在于让农民和工人成为诗歌的主人，歌颂了他们的英雄事迹。这在中国诗坛上虽不是创举,但获得这样的艺术成就,却是一件大事。但是,诗人并不满足已有的艺术成就,他在延安时期的创作中注重汲取以往的创作经验,并生动地体现出当时文化氛围下诗人自觉的艺术追求。正如柯仲平自己所说:"我们的文艺方向是抗战的、民族的、大众的。这方向统一着我们文艺作品的内容和形式。我们正往这方向前进。这诗,可以用民间歌调唱。"可以说,诗人正是有意识地对作品的努力方向和倾向进行把握,同时能够深入边区的实际生活,主动与工农兵大众结合蜕变的过程,最终实现自己的创作目标,取得重要的创作成就,为中国诗坛的发展做出了自己的卓越贡献。

叙事长诗:《浪中人》

1960年,柯仲平在西安作协主席团扩大会议上发言说:"我现在写一个工人纠察队的大队长。当年,我在上海就是那样的人物。我写的时候,有时兴奋地唱起来了,这是我柯仲平一生的经验总结……现在,我写东西不是苦,而是非常甜,非常有味,始终有乐趣,诗情真的是淌出来了。过去给人家做的是饭,现在给人家喝醉人的酒;我一生封存的那些东西开口了。"从他的发言中可以看出,诗人对他当时创作的作品是充满激情与希望的。那么,他写的究竟是什么呢?这就是原名为《黄河战歌》的叙事长诗,也是诗人最后的遗作,出版时更名为《浪中人》。这部22章的诗作里,他叙述在上海的中共地下党员江涌,"四一二"反革命政变后被敌人追捕,来到三门峡成立"井冈山黄河支队",在陕西秦川陕北一带,寻找主力部队,与狂风恶浪和阶级敌人进行搏斗,最终在渭河河畔帮助渭华暴动主力军取得突围的故事。

作为诗人一生经验总结的作品,长诗《浪中人》显然承袭柯仲平以往诗歌的种种创作经验,同时他在作品里调动各样的写法和创作技巧。在这首诗里,无论是表现形式、内容、情节,还是诗歌语调、词句、韵律等等,都有似曾相识的感觉,但是在本质上,他写的还是自己最为熟悉的陕北诗。因此,故事发生的背景涉及黄河、三门峡、花马池、崂山、秦川……那些熟悉的抒情词句如:

> 黄河自古多风雪,
> 黄河上,雪又飞来风又起。
> 红旗映雪花,
> 风雪越大人越欢喜。

> 三月里,桃花开,
> 我们来到桃花山;
> 三月桃花红艳艳,
> 山是战马花是鞍。

类似这种清新、活泼的诗句,在《海夜歌声》《边区自卫军》《平汉路工人破坏大队》等作品中都可以清晰地看到。同时,长诗主人公、人物的历史,一如既往地通过某个情节的展开,做出简明扼要的交代。但是应该承认的是,这首遗作的内容、情节以及诗的语言,比以往的其他叙事长诗表现得更为宽广和有力,如在长诗的开端——《序歌》有:

> 天下黄河九十九道湾,
> 让我们来一场开门见山;
> 呵,见山哪能不把山歌唱,
> 革命的山歌又同平常的山歌不一般。
>
> 革命的歌手是革命的射手,
> 革命的射手,什么样的靶子都能射得穿;
> 革命的山歌是革命的火箭,
> 革命的火箭,要把世界上的反革命通通射翻。

据他的夫人王琳说,诗人的这个开头写了十几次,他一直都不满意,反复修改,直到定稿成为这样。对此,诗人说:"诗一开始,就要给人看出势如破竹的气魄。开好一个头,有时比确立一部东西还费劲。头确定了,我就可以回头横扫八百里。新的东西出来了,原来写的那旧东西就不行了。"开头确定下来，作者的手脚就放开了，诗歌也就鲜活了。因此，在他的笔下，诗人不再固守早期浪漫主义的诗风（如《海夜歌声》），或是坚持现实主义的表现手法（如《边区自卫军》），而是娴熟、灵活地运用各种各样的创作方法，在不同的章节里呈现。在这样的意义上，《浪中人》是有新的探索和进步的，只不过这部作品诞生于"文革"时期，被时代的话语湮没，没有引起人们的关注。

在柯仲平的叙事诗作里，与其他诗人的某些叙事诗不同，除共同的注重故事情节、语言韵律等外，他在叙事诗里特别注重动作的表现，以动作刻画人物形象或是突出事件的发展。在《边区自卫军》里，他就以动作来刻画李排长和韩娃的性格和心理。在《浪中人》里，他运用动作来表现不同的人物和心理：

三门峡，
人道你——
人门左，鬼门右；
当中一道为神留。
又道从来是——
过人门，人担忧，
过鬼门，鬼发愁；
你看我神出鬼没往哪门游？

这样的诗句，在有的人看来，不属于动作，也不属于心理描写。但是，只要认真阅读和分析，就可以明显的发现，这里的"过"和"往"作为动词出现，其实是描写江涌对无法送信的焦虑，他"愁只愁，信难送，何处找到好水手，助我一帆到上游。"此外，还有描写主人公性格特点的诗句：

> 英雄划上英雄船，
> 能飘海来能上天。
> 天上装得星星来，
> 一船星星到人间。
> 船是无产阶级革命船，
> 全世界的艄公都爱把它扳。
> 天上星星装它装不满，
> 艄公越多船越宽。

在这里，如果没有动作，所谓形象的描绘，所谓人物的塑造，显然如在迷雾中，而强调动作的描绘，主人公江涌坚强、勇敢的性格特点就很好地表现出来。因此，把小说对动作的描写或者表现技巧引入诗歌，通过动作来描写刻画人物，强调动作的重要性，成为柯仲平叙事诗的重要艺术特色。

同样，在这部作品里还体现出诗人善于运用长篇幅容纳现实斗争题材，以顺序的方式展开故事情节，使得他的作品显得生动起伏、张弛有度。《浪中人》在情节结构的安排上，充分吸收中国古代叙事诗按照时间顺序展开故事结构的特点。作品以《花马池畔鸿雁飞》为分界线，前面写江涌在老艄公和水姑娘的帮助下，脱离陈海豹等敌人的追捕；后面写江涌、老艄公、小宝、水姑娘等成立"井冈山黄河支队"，与敌人展开顽强斗争。作品是按照时间顺序来推进故事，围绕主人公江涌命运的发展展开的，尽管篇幅长，场面大，涉及人物多，头绪纷繁，但仍给人以紧凑清晰之感，使读者的心紧紧为情节内容所吸引。

长篇诗剧和歌剧

　　1929年,标志着柯仲平创作道路进入新的成熟阶段的长篇诗剧《风火山》脱稿,这是中国现代诗剧发展过程中的标志性作品。他在延安创作的《无敌民兵》《模范城壕村》等长篇歌剧体现着中国气派和中国风格,成为延安新诗剧的重要代表作,在解放区产生广泛的影响。

长篇诗剧：《风火山》

中国现代诗剧的发展是伴随着中国新诗的出现和西方话剧的传入，在对旧传统进行继承、反叛、创新、颠覆的同时走向现代旅程。与中国古代的诗歌、戏曲相比，中国现代诗剧的思想倾向、艺术形式、语句表达都有新的发展和变化，因而呈现出不同的审美风貌。

被认为是中国现代诗剧发展过程中代表性作品的《风火山》写于1929年初，于1930年5月由上海新兴书店出版。对于封存一年多的《风火山》能够出版，柯仲平当时显得非常兴奋，他在书的序言里说："我的好友们，《风火山》公然就要出版了，好友们，我们应该同庆！因为这是我们拼着血汗来出版的！当然，假设两三年后我们战斗而未死，我必更有更伟美的创造！"显然，继抒情长诗《海夜歌声》在上海出版，《风火山》再次在这里出版，使得心怀宏愿的诗人对自己的创作充满信心。《风火山》共分《打麦场》《冒火线》《生与死交战》《人吃人》《风火山》五幕，作品以大革命时期的武装斗争为背景，描绘轰轰烈烈的工农武装斗争。然而令人遗憾的是，《风火山》问世仅3个月，即遭到国民政府当局的封禁，柯仲平也被投入监狱。

在长篇诗剧《风火山》里，柯仲平以"用墨如泼"的线条，勾画出劳动者的群像。这里有工人、农民、士兵、革命知识分子（流浪人、哲学家、艺术家），还有善良而勤劳的母亲以及妻子、小商贩等典型人物，处处展现出诗人对"工农联盟""革命军的政治攻势""文艺家必须参加斗争"等鲜明的思想主张。如：

> 流浪人　将来的人是尊卑一样，贫富不分。
> 那最好最好的发明家呵，
> 就是我们自己的兄弟，自己的儿孙。
> 你们都喜欢这种发明家吗？
>
> 人不能单靠喝风，
> 因此世界有工农，
> 人类根本的根本是劳动。
>
> 我们受压迫，受欺弄，受饿受穷！
> 我们是农工！
> 我们是人类的根本——劳动！

在这部诗剧里，像流浪人这样的劳苦大众活跃在农村的打麦场，奔驰在枪林弹雨的战壕里，驻守在层峦叠嶂的山头。他们都是觉醒起来的"工农联盟"，不再是任人宰割的奴隶和徒然呻吟的可怜虫，而是已经拿起武器，进行有组织有领导的反抗与斗争的群体。他们高喊着"要报仇，要杀几个富翁"，并开始认识到"农民要得救，自己起来革命"的真理。因此，在诗剧里既有群像的展示,又有主要人物形象的塑造。诗剧中的"流浪人"就是诗人着力刻画的典型人物。他自幼丧父,母亲在兵荒马乱的年头依然下田种地,但由于天灾人祸和兵匪的抢劫,仍食不果腹、衣不蔽体,不得不"帮人家织布纺纱",以抚养儿女长大成人。流浪人则丢下寡母妻小,十多年以天下为家,流浪在外。母亲经常想念他,可他总是劝说让家里那年轻的女人快改嫁。为了工农群众的翻身解放,他到处宣传革命真理,唤起民众的觉悟,号召穷人起来斗争改变自己的命运:"联合起来","东一村,西一村,南一村,北一村"都武装起来,以革命的暴力去推翻剥削阶级,才能得到解放,获得自由。他说:"有枪的拿枪,有刀的拿刀,一声喊叫杀出去!……你们原来是农民,你们又做农民革命军,这种力量更雄大……"不仅如此,诗人还引导农民团结自己以外的"工厂里的工人,铁路上的工人,买卖行的学徒,洋车夫——赶骡赶马的。"只有这样,才能改变与少数官僚的力量对比。同时,对洋人,柯仲平认为也要做具体分析,因为"洋人也有好有坏,洋人也有爱我们,和我们一样穷苦的,爱我们的洋人也算得我们的好兄弟。"在这里,流浪人显然是具有无产阶级先进思想的基层领导者的形象,他有火一样的革命热情,在诗剧中他放声高歌:

火,我们是火,
我在火中,你在火中,他在火中,

> 我们大家又在冰山中。
> 世界像冰山，
> 世界也像块荒田，
> 我们撒火种，
> ……

围绕着革命知识分子流浪人这个占据舞台重要地位的角色，诗剧里还塑造了众多性格不同的人物，组成了一幅色彩斑驳的斗争生活图景。如深受士兵兄弟爱戴的王连长；有与流浪人配合默契，成为流浪人传播革命观点媒介的歌伎；有除暴扶弱的战士和班长；有善良而富于同情心的木匠以及动摇不定却十分坦率的文学家、哲学家；等等。他们置身于各种不同的环境里，组成了多姿多彩的舞台画面，并使整个画面洋溢着一种风雷激荡、烈火燎原的战斗氛围。

在这部内容庞杂的诗剧里，诗人的可贵不仅在于他的思想认识力图跟上时代前进的步伐，如曾克所说："诗人从抒情的《海夜歌声》到以武装斗争为主题的《风火山》，正是他政治上从追求革命理想，探索革命道理到参加革命实际行动的飞跃"。也就是说，在他1924年创作《海夜歌声》时，无论是对革命的前途或是创作的前景，都没有清晰的认识。但是，到《风火山》的创作，他的笔触变得更加豪迈更加奔放，已从《海夜歌声》里的孤寂和苦闷中走出来，在作品里歌颂英勇的"劳动阶级",歌颂他们为人类的"总解放"所做的殊死决斗,而且毫不含糊地预言说:"最后胜利总是他们的。"如果说在《海夜歌声》里作为抒情主人公的"我"在呐喊,那么到《风火山》里,则是作为抒情主人公的"我们"在行动了。这种从"呐喊"到"行动"的转变,说明诗人的思想发生了重要转变,诗人的歌唱随着时代的步伐迈入更高的思想境界了。

此外,柯仲平在《风火山》里对诗歌形式所做的探索和努力,也是显而易见的。早在他创作《海夜歌声》时,中国诗坛上还鲜有长篇抒情诗,常见的是郭沫若、胡适、周作人等的短诗,柯仲平在缺少艺术借鉴和创作积累的情况下,进行了大胆的尝试与努力,得到诗友冯至等人的称赞。从《风火山》开始,他的诗风发生明显的变化,开始把目光移向民歌民谣,甚至直接借用云南民歌乃至江南民歌的风味:

女声　正二月里菜花开。
小郎哥呀你几时才来?
好些个来往行客都怪喜欢我,
我的小郎哥哥呀,你别说——
我是路柳墙花随人采;
为郎,我是太公稳坐钓鱼台。

这是云南民歌里的典型唱词和唱调，表明他的诗歌创作由此向新诗大众化、通俗化的方向做出努力，迈出可喜的步伐。

长篇歌剧：《无敌民兵》

延安时期最先使用歌剧形式宣传群众、宣传抗日的文艺团体，当属1937年8月12日在延安正式成立并由丁玲领导的西北战地服务团。他们先后创作、演出的歌剧有《母亲》《回春之曲》和《中国是怎样站起来的》等。1938年4月10日，鲁迅艺术学院成立，为纪念人民音乐家聂耳，演出了田汉、聂耳的原作歌剧《扬子江暴风雨》。此后，鲁艺工作团、鲁艺秧歌队相继演出王大化、李波创作的新秧歌剧《兄妹开荒》，演出塞克、冼星海创作的歌剧《生产大合唱》等。1944年，周巍峙领导的西北战地服务团转战晋察冀，把流传在民间的"白毛仙姑"传说带回延安，鲁迅艺术学院立即组织人力进行创作，由贺敬之、丁毅执笔，马可、张鲁、焕之、向隅等作曲，张水华导演，王昆、陈强等演出的新秧歌剧《白毛女》诞生，这是中国第一部反映劳动人民命运和斗争的民族歌剧，成为当时各解放区移植量最大、演出场次最多和最受群众欢迎的剧目。1946年10月24日，柯仲平创作定稿的大型歌剧《无敌民兵》在《解放日报》上分22次连载。12月11日，西北文艺工作团在边区参议会礼堂为延安军民首次公演，受到热烈欢迎。1949年8月，西北新华书店出版诗剧《无敌民兵》。

1943年11月，柯仲平率领西北文艺工作团到陇东专区，一到陇东的首府庆阳，他便希望到陇东的农村去看看，当他了解到"马渠游击小组"的事迹，就以他们的模范民兵武装的故事为基础，想要创作歌剧《马渠游击小组》。他先到马渠住上一段时间，和游击小组的战士们一起生活，了解他们，听他们和群众讲述各种各样的故事。回到庆阳，"他把游击小组的成员请到庆阳来，我们一块扭秧歌，学打枪"。因此，大型歌剧《马渠游击小组》写的都是真人真事，用的也是真名真姓。"写真人真事，因材料现成，比较容易，但很受束缚，人事本身的典型性不够，就会使得作品的典型性也不够。后来，在动员保卫民主圣地延安的时候，一些同志提议，叫我重新把这剧本搞一搞。我就把原剧本当作基础，不要真名真姓，重新搞过。"经过修改，最终定稿成15场的大型歌剧，更名为《无敌民兵》，经西北文艺工作团重新编排在延安公演，毛泽东和其他中共领导到场观看，并在演出中为游击小组冲向百草岭站起来鼓掌。这部歌剧产生了重要的影响。据说，在整个解放战争期间，西北文艺工作团随着第一野战军，仗打到哪里，《无敌民兵》就演到哪里，从延安到关中、陇东、绥德，再到洛川、韩城、澄城……一直演到西安，发挥了很好的鼓舞士气和昂扬斗志的作用。这个剧本在1949年被收入"中国人民文艺丛书"；20世纪80

年代中期编选进"延安文艺丛书"。

作为延安时期著名的新歌剧,《无敌民兵》主要内容是讲述边区民兵英雄——游击小组击退国民党军队骚扰的故事,反映了解放战争初期陕甘宁边区复杂的斗争形势。其时,由于《无敌民兵》是在新秧歌运动中发展起来的作品,而且又深深扎根于群众之中,努力从民族的和民间的戏曲遗产中继承有用的东西。因此,这部歌剧无论是在内容上,还是在形式上,都可以看出延安时期产生的新歌剧的若干特点:故事有头有尾,对故事的发展前面都有交代,如在第四场《国特设计》中,何国昌私下与顽固队长沟通,告诉顽固队长"宋廉伯不但有钱,还有漂亮的闺女和儿媳妇",这就为第八场《六月六》中宋廉伯一家的悲惨遭遇埋下伏笔。故事情节紧张,节奏快、起伏大,如在第二场《红缎袄》中,张大发和新婚妻子恩恩爱爱,过着幸福平静的生活:

> 红烛一支照呀照得亮,
> 我想拿烛儿去照新郎,
> 他真睡得美,他真睡得香,
> 一觉儿要睡到日出东方。
>
> 咱们本是庄稼人,
> 误了庄稼就不呀成,
> 睡半夜,起五更,一辈子才能过上好光景。

他们夫妻朴实勤劳，清晨准备下地干活，然而，顽固队长带着他的队伍来到张大发家，使这个幸福的家庭瞬间发生剧变，大发妻被顽固队长开枪打死，张大发参加游击小组发誓要为妻子报仇。作品常以"大胜利"的情景作为全剧的高潮，如在第十五场《胜利的旗帜》中，顽固队长被活捉，潜藏起来的何国昌彻底暴露，游击小组取得胜利。不难看出，延安新歌剧在内容或形式上的显著变化，已不同于"五四"以来众多新文学作品的处理，而是与传统剧目极其相似。显然，这些变化经过反复实践加以改进特别容易为农民观众所接受和喜爱，同时经过贺敬之、丁毅、柯仲平等的不断探索，逐步创造出具有民族特色的、为群众所喜闻乐见的新歌剧形式。

同柯仲平的其他作品一样，《无敌民兵》同样精心构制了众多形象鲜明的人物，如游击小组的王登高、路长贵、罗小宝、罗根民、张大发……作为反面人物出现的顽固队长、何国昌等，都给人们留下栩栩如生的印象。其中游击小组组长王登高是个值得尊敬的人物，他一心为边区民众从不为自己，他的妻子要他抱一两个地雷回来保护自家，他说不能同旁人争；他意志坚强，深明大义，认为妻子死去也没有像张大发那样痛哭，父亲被顽军打伤也没有哭，而是将泪水转化为实际的行动，那就是："报仇！"最终他领导游击小组击退顽军，保卫了边区的幸福家园。在同一个舞台上，与王登高的英雄形象形成鲜明对比的是代表丑恶的匪类——顽固队长，他在第四场里唱道：

> 前日里，进边区，一场骚扰，
> 民兵追，追的我，东奔西逃，
> 我的兵，简直是，一把稻草，
> 边区的，游击队，好像有铜臂铁腰。
> 幸亏我，救兵到，命才逃了，
> 他妈的，要不然，我不得开交。

正如他在歌剧里所唱的，他贪财、好色、昏庸，可以说是个恶贯满盈的典型：他用枪打死新婚中的少妇，他欺男霸女……然而，正是他非人的行为，打碎一个地主对他们心存的幻想，使这个地主主动交出他准备反共的枪支，投向代表着美善的游击小组一方。除这两位代表正邪的典型人物外，还有路长贵，他豪爽、坚决、精细、勇敢，有高度的斗争精神；还有王登高的妻子，她爱丈夫，曾因丈夫连一夜都不留感到惆怅，因为她热爱丈夫所做的事，她也敢于与敌人进行顽强抗争。

应该说，《无敌民兵》公演产生轰动效应不是偶然。在其公演后，延安《解放日报》于1946年12月24日发表《〈无敌民兵〉笔谈》，编者按说："《无敌民兵》可以说是一个规模比较宏大的值得重视的为战争服务的创作，它受到赞誉和批评，都是非常自然的。"在《〈无敌民兵〉笔谈》里，段耕、林间、紫光对《无敌民兵》进行评价，林间对歌剧给予充分肯定后认为："《无敌民兵》的上演成功，除了作者外，那些我不能一一举出名字来的演员们，无疑的也是应该分享了它的荣誉的。祝福柯仲平同志，祝福全体演员的健康，千万观众正等待着你们！"新中国成立后，《无敌民兵》多次再版和演出，产生了重要的影响。

长篇歌剧：《模范城壕村》

1944年4月，延安文委开会总结延安各剧团、秧歌队下乡的经验，经到会同志讨论，提名受奖的秧歌、戏剧作品共31个。其中获一等奖的剧目有《血泪仇》《模范城壕村》《逼上梁山》《拉壮丁》《惯匪周子山》等。在会上，文委还委托周扬、柯仲平、赵伯年负责组织研究边区戏剧运动情况，审查剧本，指导边区的戏剧工作。可以说边区戏剧的勃兴，同周扬、柯仲平等人的工作是分不开的。事后，周扬在谈到《血泪仇》及后来出现的《白毛女》时说："《白毛女》《血泪仇》，为什么能够突破以往新剧的纪录，流行如此之广，影响如此之深呢？其主要原因就在：它们在抗日民族战争时期尖锐地提出了阶级斗争的主题，赋予了这个主题以强烈的浪漫色彩，同时选择了群众所熟习的所容易接受的形式。"其实，周扬的话用来形容《模范城壕村》也是完全符合的。

1944年1月，柯仲平来到华池县城壕村，住在城壕村支部书记——陕甘宁边区特等劳动英雄张振财家里,据斐然说:"柯老同英雄人物同吃同住同劳动。一支烟锅递过来,送过去,通宵达旦,说古论今;一起背柴火,一块垫羊圈。这样的生活体验,在《模范城壕村》歌剧中不难找到"。这年春节,诗人也是在张振财家里度过的,模范村的男女老少都喜欢听他朗诵诗歌,请他吃软糕,喝黄酒,他与模范村的群众生活在一起。白天,他东家进、西家出地和群众谈心;夜里,他伏案写作。为把剧本尽快拿出来,他从城壕村回到县政府所在地——东华池。据说,当时他的脱肛病犯了,加上胃病吃不进去饭,根本无法坐下来写作,无奈他只好半个屁股着凳,继续埋头创作;每天找他的人络绎不绝,没有办法,他只得叫人倒挂铁锁,日夜赶写剧本。《模范城壕村》创作完成,立即由西北文艺工作团投入排练,由裴然主演,马健翎导演,产生了较好的社会效果。

大型歌剧《模范城壕村》共40场,作品成功地再现了城壕村创建模范村的活动过程。主要围绕两条线索展开叙述,一是英雄人物张振财在区、乡领导下组织变工队,带领城壕村群众创建模范村;二是创建模范村过程中与不同的对立面所进行的斗争。在城壕村组织变工队之前,这里的情况并不理想,如张振财剧中所唱:

前几年,游击队,还没创造,
这地方,给土匪,一火烧焦。

反动派，粮款重，也像强盗，
拿不出，款子来，吊打火烧。
……
这一道，城壕川，长满野草，
白日天，能听见，虎啸狼嚎。

变工队成立后，遇到各种各样的困难，先是满宝妻嫌别人给她变工起得晚，后是"二流子"董生才不想参加变工。董生才先后被妻子和村人取笑，在张振财的担保下，使他逐渐实现转变，由人见人憎的"二流子"转变成为政治上靠得住、生活上积极进取的城壕村村民。也正是在这个转变的过程中，城壕村发生变化，张振财成为陕甘宁边区特等英雄，少年满娃在劳动中成长……城壕村村民先后挫败东岭的土匪和特务头子张振力的破坏，成为陕甘宁边区著名的模范村。

歌剧《模范城壕村》人物刻画性格鲜明，栩栩如生。主人公劳动英雄张振财公而忘私，献身于模范村的创建。他早年被逼做土匪，然而不自暴自弃，主动脱离土匪回到城壕村，年年开荒种地，"如今睡的安稳觉，如今吃的白面条。我给政府里帮助太少。这块脸，这块脸，放在哪里哟"。为消灭东岭的土匪，他连夜到县政府送信，回到家里没睡觉顶着月亮去耕地；为合作社的发展，他独自到志丹县做生意，家里的蔓豆需要别人帮忙抢收。歌剧里

还有个鲜活的人物,就是"二流子"董生才,他起初好逸恶劳:

> 混一年,算一年,
> 吃一天,算一天,
> 只要吃的混的好,
> 吃吃混混就算完。

董生才不喜欢劳动,平时吃惯、窜惯,对劳动充满畏惧,尤其可恨的是,他喜欢偷家里的东西变卖供自己吃喝。因此,他的妻子说:

> 我有啥,啥值钱,赶紧藏起,
> 天地间,难防的,就是家贼!
> 你要当,二流子,自管当去,
> 你无情,又无义,算啥夫妻!

作为董生才的妻子,她对丈夫充满无奈和失望,然而坚强刚毅的她,还是与张振财一起耐心地去改变丈夫,使自己的丈夫慢慢发生变化,最终丢弃"二流子"的帽子,成为新的模范村民。此外,像满宝妻的泼辣、满娃的倔强、白县长(白科才)的明察,都是性格鲜明的人物。

在庆阳期间，柯仲平除创作歌剧《模范城壕村》外，他还创作了大型歌剧《孙万福回来了》，这部歌剧里的孙万福，就是后来唱遍全国的《高楼万丈平地起》的作者、农民诗人。歌剧写孙万福开完英雄会从延安回来，激动地用诗般的语言向乡亲们诉说他在革命圣地延安的所见所闻。

延安时期柯仲平创作的《无敌民兵》《模范城壕村》《孙万福回来了》等歌剧被毛泽东称为"既是大众性的，又是艺术性的，体现了中国气魄和中国作风"，西北文艺工作团在陕甘宁边区各地演出，所到之处深受欢迎，成为延安新诗剧的重要代表作。

文论和相关论争

1927年,柯仲平在西安学联举办的暑期讲习会上进行演说,发表《革命与艺术》,这是他早期文学生涯的概略性总结,也是他走上革命道路的新的起点。在1938年到1941年的全国性的"民族形式"问题谈论中,他最早将毛泽东有关"中国作风与中国气派"的观念与文艺上的"民族形式"问题结合起来进行谈论,发表系列论著。

最早的文艺论著：《革命与艺术》

1927年7月，柯仲平在陕西西安省立第一中学任国文教员。这段时间，他的诗作较少，可以说是他创作的"沉思期"。他在"沉思期"的重要收获，凝结在西安《新秦日报》馆发行的《革命与艺术》一书中。《革命与艺术》是诗人应西安市学联的邀请，在暑期讲习会上的讲演稿，也是他留给人们最早的一本文艺论著。全书共分八讲：《人类的生活》《革命》《艺术》《革命与艺术有什么特殊的关系》《立在革命观点上批评艺术与立在革命以外的观点上批评艺术》《艺术与革命宣传》《怎样才能实现革命艺术》和《人类追求着的至高生活》，约五万余字。《革命与艺术》真实地记录了柯仲平对当时社会现象的剖析，对革命与艺术各种关系的理解，以及他对自己创作的批评和深沉思考。

新文化运动以来相当一部分激进的文学青年，往往不适当地强调文艺的社会功能，过高地估计自己的力量，早期的柯仲平也不例外。但是，这时期的柯仲平开始冷静地从社会经济的角度来考察问题。他在《革命与艺术》里说：

当经济发展到某种程度，这时候的社会特别现出不安与混乱，就是说这时候的社会组织，已经不适于此种经济的发展了。于是要有一种力量生出来，破坏这时候的社会组织，而使经济又得到重新的发展。这一种行动，就叫作革命的行动，总言之，就叫作革命。

从这一观点出发，他看到工农劳苦大众的伟大力量，他说：

> 越受经济压迫，血汗越被别人榨取的，他们的革命力就越大，他们本身是革命的主力军。能够觉悟起来，团结起来作战，那最后胜利总是他们的。

当时，对于艺术的态度，有主张"为艺术而艺术"（创造社）的，有主张"为人生而艺术"（文学研究会）的，前者被称为艺术的人生派，后者被称为人生的艺术派。对于两种文学流派的主张，柯仲平认为："艺术的艺术就怕表现流于空泛，人生的艺术又恐流于浅薄的宣传。"基于这样的认识，他提出艺术是时代的、生命力的表现，具体可以用公式来进行表达：

艺术=生命力+表现力（即创造力）

在《革命与艺术》中,他将批评艺术分为"革命的艺术"和"非革命的艺术",还以自己的作品《赠歌》为例进行说明。同时,他对自己以往的孤军奋战,也做了发自肺腑的追述,他说:"那些年的我很悲苦而热情,我是反抗一切、蔑视一切的!但我很空虚。"他觉得自己的力量太薄弱,而且有的力量用得也不合适。这是他思想认识上了不起的进步,尽管他的认识还存在着某些缺陷和幻想浪漫的成分,但是他的视野不断扩大,他的思想路子开始纳入新民主主义革命的轨道,他的世界观在一定程度上发生着质的变化,从个人奋斗的小圈子里逐步走出来。正是在这种思想认识的基础上,他对革命进程中暂时出现的困难并不悲观,恰恰相反,他认为,"现在是人类生命要求总解放的时期","新时代是必由革命产生的","革命是这时代的主潮,这时代的中心"。他要投身到这一场革命斗争中去,因为"革命,只靠讲一讲那是不成的"。可以说,经历过个体的孤独奋斗和挫折后,他的思想认识发生了重大转变。

同时,他在分析当时社会的人生态度时,认为有5种类型,即遁世派、马马虎虎派、听天由命派、怀疑派、战士。他把自己列入"战士"的行列,而且大胆地宣称:

> 我不愿意再愁闷。为了新生的中国,新生的人类,我要唱段短歌来结束。假若我的情爱被谁害死了,毒杀了,我现在听得这凶耗,我仍愿为

中国，愿为人类把这短歌唱出来！

为什么他如此顽强地要唱出他的"短歌"呢？这是因为他清楚地认识到，"新艺术要在革命潮中，在革命过程中临盆了"，他的"短歌"是"人生的战曲，尤其是被压迫者的战曲"。

在《革命与艺术》中最能生动地概括柯仲平演讲思想的，还是他的一个著名的比喻，他把革命与艺术的关系形象地比喻为牛郎与织女，要"在人间为他们造一座美丽的花桥"。在这里，诗人既阐明了革命与文艺的亲密关系，又表示他愿意为促成这一关系不懈努力的决心。同时还隐藏着一层思想，即这种亲密关系的结成不可简单从事，而要遵循自身的艺术规律：这座桥不是普通的桥，而是一座"美丽"的"花桥"。这就需要艺术家真正地用艺术实践来铺设。当然，这里的美丽，不再是传统文人骚客所欣赏的那种孤芳自赏的美丽，而是站在人民大众立场上所表现出来的新的审美情趣。这一形象的比喻，后来成为他毕生孜孜以求的奋斗目标，为了建造这座美丽的花桥，他几乎奋斗到生命的最后一息。

可以说，《革命与艺术》作为柯仲平早期文学生涯的概略性总结，也是他走上革命道路的新起点。书中的不少观点和提法，在当时的中国文坛都是罕见的，特别是他集中谈到的革命与艺术的关系，如艺术能使革命力向更深更伟大的去处猛进；革命与艺术在相互地反应，相互地批评，相互地突进，相互地完成；艺术里的要求与喊声有着生活时代的根据，革命也必同有此根；等等。这些都是他从叛逆者立场向革命者立场过渡的最好表白，有着重要的启示和意义。

民族形式问题论争

其实，民族形式问题是与大众化问题紧密联系在一起的。早在20世纪30年代"左联"时期，就有过多次关于大众文艺的讨论，限于当时的历史条件，大众化还不可能真正付诸实践，有关的理论探讨也未能深入。到抗战爆发，由于抗战宣传需要，利用旧形式的通俗化的作品大量出现，大众化问题又重新引起重视。由于民族意识的高涨，人们也就更多地考虑如何在文化领域突出民族特色。因此，民族化成为这一时期文学论争的重要焦点和理论建设、创作实践的主要追求之一。

民族形式作为某种口号，是毛泽东提出的。1938年5月，由陕甘宁边区文化界救亡协会发表的《我们关于目前文化运动的意见》一文中，曾提出："文化的新内容和旧的民族形式结合起来，这是目前文化运动所最需要强调提出的问题……从我们过去一切文化运动的经验已证明了出来，忽视文化上旧的民族形式，则新文化的教育是很难深入最广大的群众的。因此，新文化的民族化（中国化）和大众化，二者实是不可分开的。"这一提法可以作为毛泽东在非正式场合对文艺指导性的意见。同年10月，毛泽东在中共六届六中全会上做了题为《中国共产党在民族战争中的地位》的报告，这个报告后来以《论新阶段》为题，发表于同年11月25日出版的《解放》周刊上。毛泽东在报告里针对党内存在的教条主义，提出："马克思主义必须和我国的具体特点相结合并通过一定的民族形式才能实现……使马克思主义在中国具体化，使之在其每一表现中带有必须有的中国的特性……洋八股必须废止，空洞抽象的调头必须少唱，教条主义必须休息，而代之以新鲜活泼的、为中国老百姓所喜闻乐见的中国作风和中国气派。"这是毛泽东第一次举起自己独立的理论旗帜，其中的"中国气派"和"中国化"都是毛泽东在报告里提出的概念。因此，发端于延安的民族形式问题的讨论，就其缘起而言，是与以毛泽东为代表的中共领导者的倡导、支持密不可分的。

1939年2月，柯仲平发表《谈"中国气派"》一文，由此引发根据地文化界关于民族形式问题的讨论，1939年8月延安"民族形式座谈会"达到高潮，到1941年二三月间，晋察冀边区仍有民族形式问题的争论，前后达两年之久。几乎同时，1939年4月柳湜的《论中国化》又引发了大后方文化界，包括重庆、桂林、香港、东南等地区关于民族形式的讨论，一直延续到1942年6月，长达3年。在《谈"中国气派"》中，柯仲平说："每一个民族，都有自己的气派。这是由那民族的特殊经济、地理、人种、文化传统造成的。""最浓厚的中国气派,正被保留、发展在中国多数的老百姓中。"在这里,柯仲平点明民族个性及其形成与传统、民间的关系。他又说:"国际主义的马克思主义应该中国化,其他优良适合的西洋文化,也同样是应该中国化的。"同年6月,他在《介绍〈查路条〉并论创造新的民族歌剧》中说:"发挥高度的创造性,使马列主义的艺术中国化,而且使西方艺术的优良作风中国化。但要以中国民族特有的作风为主,将西方艺术的适用的优良作风融合起来,那高度的创造性也才能充分发挥。"这就把毛泽东关于党内学习的经典论断自然关联到中国文化、文艺如何发展的路径上来。自此,有关"民族形式"问题的讨论在延安文艺界渐次弥漫开来,逐渐成为这次讨论的核心问题。可以说,在延安,最早将毛泽东有关"中国作风和中国气派"的观念与文艺上的"民族形式"问题关联起来的就是柯仲平。

此后,围绕民族形式与大众化、民间形式、中国化以及旧形式问题的讨论就此起彼伏地展开,参与讨论的除毛泽东外,还有周恩来、博古等中共领导人,陈伯达、周扬、王实味、艾思奇、冯雪峰、郭沫若、茅盾、胡风等党内外知名知识分子,这些理论"权威"在当时及以后的中国政治、思想、文化舞台上都扮演了极为重要的角色。如陈伯达在讨论中就特别提到"民族形式应注意地方形式:应该好好研究各地方的歌、剧、舞,及一切文艺作品的地方形式之特性",对民族形式与地方形式的关系进行了说明。

伴随着民族形式问题的讨论,延安诗歌的大众化、民族化正是在这一背景下进入到自觉状态的。在著名的《街头诗运动宣言》中,就有"写吧——抗战的、民族的、大众的!唱吧——抗战的、民族的、大众的!我们要在争取抗战胜利的这一大时代中,从全国各地展开伟大的抗战诗歌运动——而街头诗歌运动,我们认为就是使诗歌服务抗战,创造新大众诗歌的一条大道"的倡导。此后,柯仲平相继发表《谈"中国气派"》《论文艺上的中国民族形式》。他在《论文艺上的中国民族形式》一文中认为参加抗战工作的文学家、艺术家没能创造出多数中国人所喜闻乐见的中国气派、中国作风的文学艺术作品来,文学家和艺术家要努力创造新的民族形式。诗人萧三则撰写《论诗歌的民族形式》,文中认为诗歌的民族形式应根据历史和民间"两个泉源",而新形式要从历史的和民间的形式中脱胎出来,而其结果和收获还得是民族的形式的看法,基本代表了当时诗歌大众化、民族化实践过程中的普遍性认识。

当时,诗歌大众化、民族化作为延安诗歌运动的一种自觉追求,对于这一时期诗歌的内容、形式、语言都产生了重要的影响。不仅如此,它也使"五四"以来的中国新诗走上一条方向相异的发展道路。虽然,在大众化、旧形式问题的探讨中,艾思奇提出"旧形式的提起,绝不是要简单地恢复旧文艺,也不仅仅为着暂时应付宣传的要求,而是中国新文艺发展以来所走上的一个新阶段的标志。这一阶段是要把'五四'以来所获得的成绩，和中国优秀的文艺传统综合起来，使它向着建立中国自己的新的民族文艺的方向发展，是为着建立适合于中国老百姓及抗战要求的进一步的发展"，以兼顾的方式确认当时文艺的发展方向，但显然，大众化与民族化、民族形式与民间形式，并不是处于同一层次的概念。由于为了满足大众的要求，诗人解决问题的重要途径之一就是依赖于对传统民间形式的移植和借鉴。这从柯仲平创作的叙事诗《边区自卫军》《平汉路工人破坏大队》和歌剧《无敌民兵》《模范城壕村》等都可以看出。特别是他早期的长篇诗剧《风火山》，美国学者罗伯特·佩恩在《一位最受欢迎的诗人》里强调指出，柯仲平能被人们誉为一位伟大的诗人，就因为他能够把简朴的民歌格律和民歌形象，变成依然能被朗诵的现代诗歌，颂扬理想中的完成了奇迹的远征，这是了不起的，这一点也是那个时代似乎没有人能与之相比的。

由此可知，从延安街头诗运动延伸出来，贯穿于整个延安时期、作为"民族形式"问题讨论的重点之一是诗歌大众化、民族化问题。可以说，这场涉及文学、音乐、美术、戏剧等方面的讨论，在当时曾相继引起解放区、国统区等众多文化人士的关注与参与，并对新中国成立后的文艺事业产生了广泛而深远的影响，在这其中，柯仲平发挥了重要的影响。

诗人长逝

1964年10月20日，柯仲平在陕西西安逝世，享年62岁。他是云南现代文化史上的一座丰碑，也是云南各族人民学习的榜样，他创作的诗歌和不屈的精神将永远激励着云南各族人民奋勇前进。

1964年3月,春寒料峭的日子,柯仲平在距离西安20公里外的常宁宫疗养,他在住宅旁种下一棵棕树,并写下《棕》来歌颂它:

凤凰展翅你先展,
孔雀开屏你先开。
高山爱披风绞雪,
风雪制的舞衣,棕也很爱穿。
长征来的绑腿永不解,
刺破青天的剑锋永不残;
挥宝剑,舞过万水千山,
而今正舞在风暴中的世界舞台。
棕的舞,智勇刚健而庄严,
这舞风,要风行到世界的未来!

20世纪60年代初,贺抒玉、李若冰夫妇与柯仲平(前排右二)

6月29日,他抱病参加中国作协西安分会主席团扩大会议,就如何培养青年作家和作协今后的工作做了发言,对将来的工作充满了渴望。

10月20日,柯仲平参加作协西安分会党支部大会,尽管这段时间他感到异常疲惫,但他依然兴奋地向与会者讲述

柯仲平参加会议

革命时期的历史。正讲着,突然,他身子朝后一仰,直直地倒在他背靠的沙发上,再也没有起来,后来才知道他是主动脉夹层肿瘤穿孔而猝然离世,享年62岁。从此,一颗生活在人民大众中间的杰出诗星陨落了,这个为诗歌奋斗一生的诗人爽朗的笑声消失了,这个来自边陲云南人民的好儿子离开了这个世界。

"文革"期间,尽管他已不在人世,但也未能幸免浩劫。他又被一些别有用心的人翻了出来,诬陷为"反党分子""大叛徒""反革命修正主义分子"等等,公开指名批评,骨灰被逐出革命陵园,家属子女遭受不同程度的牵连。1978年12月12日,中共陕西省委决定:彻底推倒一切诬陷柯仲平的不实之词,为柯仲平及其作品平反昭雪,恢复名誉。这一年,诗人离开人世已经15年了,他曾经种下的棕树已卓然挺立。

1979年9月20日,中共陕西省委在"柯仲平悼念会"

对他的一生做出正确的评价："柯仲平同志实践毛主席提出的文艺为工农兵服务的方针，对文艺与群众结合，走大众化道路，做出了卓越贡献。柯仲平同志在诗歌创作的大众化民族化问题上，取得了重大成果。用自己的笔，终生为党的事业，为无产阶级奋斗不息……柯仲平同志的一生是革命的一生，战斗的一生。"

1985年1月5日，中国作协在北京全国政协礼堂召开"纪念著名诗人柯仲平逝世20周年座谈会"，深切缅怀中国作家协会原副主席、杰出的革命诗人柯仲平。中央顾问委员会副主任王震在致柯仲平夫人王琳的信中称柯仲平"是一个优秀的共产党员，是一位革命的大诗人，人民的大诗人"。中共中央政治局委员、书记处书记习仲勋盛赞柯仲平是："一个把一生献给中国人民革命事业的著名诗人，一辈子和人民血肉相连、休戚与共的文艺战士……我们也要像柯仲平同志那样，时时刻刻与亿万人民群众在一起，同甘苦、共命运，心甘情愿地做人民群众的忠实的儿子，在自己的创作中，始终把为人民群众服务的方向，作为自己所遵循的根本方向，在建设具有中国特色的社会主义诗歌、文艺的历程中进行不懈的努力。"中共中央宣传部副部长、著名诗人贺敬之评价说："中国现代文学史上，一批又一批的作家和诗人，在不同的历史时期，从不同的起点出发，投身于中国共产党领导下的革命文艺活动洪流，在革命和创作的实践中，为创造民族化、大众化的革命文艺，做出了重要的贡献。柯仲平同志就是其中杰出的一位……他是中国共产党的优秀党员，'五四'以来屈指可数的革命的大诗人，满腔热情地致力于诗歌和戏剧大众化的先驱者之一。"

2002年1月25日，中国作家协会、中共云南省委宣传部、云南省文联、陕西省文联、陕西省作协、中共文山州委、文山州人民政府联合在昆明举行柯仲平同志诞辰100周年纪念座谈会，深切缅怀云南人民的优秀儿子、中国当代著名的人民诗人柯仲平。

2012年6月26日，中共陕西省委宣传部、陕西省文联、陕西省戏曲研究院主办的纪念柯仲平诞辰110周年座谈会在西安举行。与会者认为，柯仲平一生襟怀坦白、光明磊落、质朴豪爽，为陕西文艺创作留下了取之不尽的精神与人格财富。

与此同时，柯仲平一生发表过的众多诗文，1984

陕西省纪念柯仲平同志诞辰110周年座谈会

柯仲平纪念馆

年至1992年由柯仲平夫人王琳整理的《柯仲平诗文集》（1—4卷）和《柯仲平传》由文化艺术出版社出版。

1994年4月，广南县委、县人民政府为纪念忠诚的共产主义战士、著名革命诗人柯仲平，建成广南县柯仲平纪念馆。这是广南各族人民为纪念柯仲平这位著名诗人而捐资兴建的。这座纪念馆坐落在广南县城莲湖西畔，属中国传统式的四合院结构。纪念馆陈列着大量翔实反映柯仲平生平事迹的图片、文字、实物资料和他的著作，其中图片178帧，实物82件，12种18个版本的著作，共21册。这些图片和实物资料，充分展示了柯仲平革命的一生，战斗的一生，光辉的一生。

1998年，柯仲平纪念馆被定为云南省爱国主义教育基地，诗人的精神将永远激励着云南各族人民奋发向上。

2002年，中共云南省委宣传部主持编选，云南人民出版社编辑出版的《柯仲平文集》（3卷）和《柯仲平纪念文集》（上、下卷）发行，以供学习，借以鼓励当代艺术家繁荣新文艺、创造新文化。

同年，广南人民安立一尊青铜塑像在莲湖公园内；2006年，移至柯仲平纪念馆内，以示教育子孙后代，让人们铭记云南人民的好儿子——柯仲平。

同年，为纪念诗人诞辰100周年，时任广南县委书记和县长在中共中央理论刊物《求是》杂志撰文，深切缅怀云南人民的儿子——狂飙诗人柯仲平，他们在文章里说："多年前，诗人离开莲城，走出广南，寻求救国救民的真理，把青春热血汇入了中国革命的滔滔洪流，在继承和发扬中国诗歌优秀传统的实践中，走出了一条诗歌革命化、大众化、民族化的道路，被人们誉为'火一样的诗人'。"

柯仲平文集

柯仲平诗文集

最后，谨以著名诗人萧三的《喇叭，呐喊诗人柯仲平》作为结尾，献给云南人民的好儿子、狂飙诗人柯仲平——

> 云南省真是人杰地灵，
> 出了现代三位名人：
> 音乐家聂耳，
> 哲学家艾思奇，
> 诗人柯仲平。
> 单说柯仲平诗人，英国诗人雪莱说：
> "我愿做预言的喇叭，
> 将沉睡的世人唤醒。"
> 鲁迅的第一部小说
> 以"呐喊"为书名。
> 我说柯老正是那
> 喇叭和呐喊的诗人。
> ……

参考文献

1. 陈之鹤：《柯仲平童年的故事》，载《陕西少年》第4期，陕西人民出版社1981年版。

2. 徐克：《诗人柯仲平》，载《新文学史料》1983年第1期。

3. 楚图南：《在师大学习前后往事漫忆》，载《楚图南集》（第2卷），云南教育出版社1999年版。

4. 柯仲平：《革命与艺术》，载《柯仲平文集》（三），云南人民出版社2002年版。

5. 周健：《论柯仲平的创作道路》，载《西北大学学报》（哲学社会科学版）1981年第4期。

6. 王琳：《狂飙诗人：柯仲平传》，中国文联出版社1992年版。

7. 杜鹏程：《我的文学导师——老诗人柯仲平同志》，见刘锦满、王琳编《柯仲平研究资料》，陕西人民出版社1988年版。

8. 柯仲平：《请不要误信我》，载《柯仲平文集》（三），云南人民出版社2002年版。

9. 柯仲平：《是鲁迅主义之发展的鲁迅艺术学院》，载《柯仲平文集》（三），云南人民出版社2002年版。

10. 楼适夷：《永远活在诗歌里——追怀诗人柯仲平同志》，见刘锦满、王琳编《柯仲平研究资料》，陕西人民出版社1988年版。

11. 柯仲平：《革命与艺术》，载《柯仲平文集》（三），云南人民出版社2002年版。

12. 曾克：《盗天火的诗人——回忆我的老师柯仲平》，见刘锦满、王琳编《柯仲平研究资料》，陕西人民出版社1988年版。

13. 罗伯特·佩恩：《一位最受欢迎的诗人》，见刘锦满、王琳编《柯仲平研究资料》，陕西人民出版社1988年版。

14. 冯和法：《柯仲平在东京》，见刘锦满、王琳编《柯仲平研究资料》，陕西人民出版社1988年版。

15. 刘锦满记录整理：《回忆延安"战歌社"——胡征同志访问记》，载《新文学史料》1981年第2期。

16. 《街头诗运动宣言》（1938年8月7日），载《延安文艺丛书·文艺史料卷》，湖南文艺出版社1987年版。

17. 周而复：《指着北斗星前进——回忆柯仲平同志》，见刘锦满、王琳编《柯仲平研究资料》，陕西人民出版社1988年版。

18. 胡风：《关于诗和田间的诗》，载《胡风全集》（第2卷），湖北人民出版社1999年版。

19. 柯仲平：《陕甘宁边区民众娱乐改进会宣言》，载

《柯仲平文集》（三），云南人民出版社2002年版。

20. 柯仲平：《民众剧团的成立及初期活动情况》，见刘锦满、王琳编《柯仲平研究资料》，陕西人民出版社1988年版。

21. 胡采：《纪念柯仲平同志》，载《延河》1984年第10期。

22. 林默涵：《柯仲平与民众剧团》，载《文艺报》1992年11月7日。

23. 王志直、吴安平、晨歌、王化莉：《毛泽东与民众剧团》，载《当代戏剧》1998年第4期。

24. 柯仲平：《介绍〈查路条〉并论创造新的民族歌剧》，载《柯仲平文集》（三），云南人民出版社2002年版。

25. 胡采：《论诗人柯仲平——柯仲平的短诗选集读后》，载《当代文艺思潮》1983年第4期。

26. 柯仲平：《论文艺上的中国民族形式》，载《柯仲平文集》（三），云南人民出版社2002年版。

27. 朱子奇：《"个个同志的岗位都朝中央"——怀念柯仲平同志逝世二十周年》，见刘锦满、王琳编《柯仲平研究资料》，陕西人民出版社1988年版。

28. 苏光文：《大后方文学论稿》，西南师范大学出版社1994年版。

29. "中国人民文艺丛书"，《人民日报》1949年6月29日。

30. 萧玉：《〈中国人民文艺丛书〉：开启文学新纪元》，《石家庄日报·周末广场》2009年9月19日。

31. 康曜：《〈讲话〉精神要代代传》，见刘锦满、王琳编《柯仲平研究资料》，陕西人民出版社1988年版。

32. 柯仲平：《把我们的文艺工作提高一步》，载《柯仲平文集》（三），云南人民出版社2002年版。

33. 李建彤：《心底的歌——怀念柯仲平同志》，见刘锦满、王琳编《柯仲平研究资料》，陕西人民出版社1988年版。

34. 柯仲平：《〈从延安到北京〉小序》，载《柯仲平文集》（三），云南人民出版社2002年版。

35. 沙陀铃：《读诗随笔——柯仲平著〈从延安到北京〉》，见刘锦满、王琳编《柯仲平研究资料》，陕西人民出版社1988年版。

36. 柯仲平：《关于未完成长诗的检查发言》，见刘锦满、王琳编《柯仲平研究资料》，陕西人民出版社1988年版。

37. 苏棠：《神禾原上的脚印——悼念诗人柯仲平同志》，见刘锦满、王琳编《柯仲平研究资料》，陕西人民出版社1988年版。

38. 张光年：《我国无产阶级诗歌的先驱者——纪念诗人柯仲平》，见刘锦满、王琳编《柯仲平研究资料》，陕西人民出版社1988年版。

39. 刘继业：《新诗的大众化和纯诗化》，北京大学出版社2008年版。高兰：《〈高兰朗诵诗选〉序言》，载《诗的朗诵与朗诵的诗》，山东大学出版社1987年版。

40. 徐霞村：《我所认识的朱湘》，载《新文学史料》1986年第1期。

41. 刘继业：《新诗的大众化和纯诗化》，北京大学出版社2008年版。

42. 王琳：《红心似火霜雪重——诗人柯仲平的一生》，见刘锦满、王琳编《柯仲平研究资料》，陕西人民出版社1988年版。

43. 柯仲平：《关于诗的朗诵问题》，载《柯仲平诗文集》（三），云南人民出版社2002年版。

44. 柯蓝：《怀念之树常青——怀念老诗人柯仲平同志》，见刘锦满、王琳编《柯仲平研究资料》，陕西人民出版社1988年版。

45. 陈子善主编：《中国现代文学史——以文学广告为中心（1937—1949）》，北京大学出版社2013年版。

46. 萧三：《出版〈新诗歌〉的几句话》，载《新诗歌》创刊号，1940年9月1日。

47. 《街头诗运动宣言》（1938年8月7日），载《延安文艺丛书·文艺史料卷》，湖南文艺出版社1987年版。

48. 艾青：《开展街头诗运动——为〈街头诗〉创刊而写》，《解放日报》1942年9月27日。

49. 杨朔：《敌后文化简报》，《解放日报》1942年11月25日。

50. 刘增杰等编：《抗日战争时期延安及各抗日民主根据地文学运动资料》（下），知识产权出版社2010年版。

51. 柯仲平：《关于我就要出版的〈海夜歌声〉》，载《洪水》1926年9月1日，第23、24期合刊。

52. 冯至：《仲平同志早期的歌唱》，载《文艺报》1984年12月7日。

53. 柯仲平：《〈边区自卫军〉的说明》，见刘锦满、王琳编《柯仲平研究资料》，陕西人民出版社1988年版。

54. 贺敬之：《纪念柯仲平同志》，见刘锦满、王琳编《柯仲平研究资料》，陕西人民出版社1988年版。

55. 冯雪峰：《论两个诗人及诗的精神和形式》，见刘锦满、王琳编《柯仲平研究资料》，陕西人民出版社1988年版。

56. 贾芝：《柯仲平的诗作》，载《人民文学》1954年第6期。

57. 柯仲平：《〈平汉路工人破坏大队〉前记》，见刘锦满、王琳编《柯仲平研究资料》，陕西人民出版社1988年版。

58. 王瑶：《中国新文学史稿》，上海文艺出版社1953年版。

59. 柯仲平：《〈边区自卫军〉的说明》，见刘锦满、王琳编《柯仲平研究资料》，陕西人民出版社1988年版。

60. 柯仲平：《寄给好友们》，见刘锦满、王琳编《柯仲平研究资料》，陕西人民出版社1988年版。

61. 曾克：《盗天火的诗人——回忆我的老师柯仲平》，见刘锦满、王琳编《柯仲平研究资料》，陕西人民出版社1988年版。

62. 裴然：《陇头活水传诗情——在柯仲平逝世二十周年座谈会上的发言》，见刘锦满、王琳编《柯仲平研究资料》，陕西人民出版社1988年版。

63. 编者：《〈无敌民兵〉笔谈》，载《解放日报》1946年12月24日。

64. 林间：《性格的创造》，载《解放日报》1946年12月24日。

65. 周扬：《新的人民的文艺》，载《人民文学》第1卷第1期，1949年10月25日。

66. 柯仲平：《革命与艺术》，载《柯仲平文集》（三），云南人民出版社2002年版。

67. 陕甘宁边区文化界救亡协会：《我们关于目前文化运动的意见》，载《延安文艺丛书·文艺理论卷》，湖南文艺出版社1987年版。

68. 毛泽东：《中国共产党在民族战争中的地位》，载《毛泽东选集》1卷本，人民出版社1964年版。

69. 柯仲平：《谈"中国气派"》，载《柯仲平文集》（三），云南人民出版社2002年版。

70. 陈伯达：《关于文艺的民族形式问题杂记》，载《文艺战线》第3期，1939年4月16日。

71. 《街头诗运动宣言》（1938年8月7日），载《延安文艺丛书·文艺史料卷》，湖南文艺出版社1987年版。

72. 胡荣、陆永耀：《火一样的诗人——纪念诗人柯仲平诞辰100周年》，载《求是》2002年第2期。